MW01707452

Conçus au cours des dix années 1974-1984 d'abord pour la presse, ces textes, en réalité très écrits, sont peut-être ceux où l'on saisit le mieux la parenté entre Calvino, le Valéry prosateur et Borges. Pièces dont le départ n'est qu'en apparence divers. La question est toujours : comment regarde-t-on le monde ? Et elle en entraîne une autre aussitôt, qui n'étonnera aucun lecteur de Calvino : comment, dans ce que l'on voit, est-ce l'écriture qui se trouve figurée ?

Il pourra être ici question de la colonne Trajane ou d'un temple de Kyoto, des mappemondes ou des monstres de cire, d'un mihrab ou d'un arbre géant : ce qui sera toujours au travail, c'est la curiosité et l'intelligence, les aventures et les surprises du raisonnement, servies par un style précis, mobile, où la continuelle mise au point est à entendre dans les deux sens du terme.

Nous entrons ici dans l'atelier d'écriture de Palomar.

Prodigieusement intelligent, toujours ironique, inventeur lyrique et ne cessant de trouver des figures pour ce à quoi il revenait toujours, l'écriture, Italo Calvino a publié sous le titre collectif de Nos ancêtres *trois romans* (Le Vicomte pourfendu, Le Baron perché, Le Chevalier inexistant) ; *des récits sur l'Italie moderne* (Aventures, La Journée d'un scrutateur) ; *des fictions entées sur la science* (Cosmicomics, Temps zéro), *sur les tarots* (Le Château des destins croisés), *sur la ville* (Les Villes invisibles) ; *un grand roman sur le lecteur de romans* (Si par une nuit d'hiver un voyageur...), *un autoportrait ironique* (Palomar) *et des nouvelles sur les sens* (Sous le soleil jaguar). *Il était également un essayiste aigu dont les interventions ont été recueillies dans* La Machine littérature *et dans cette* Collection de sable.

Italo Calvino

Collection de sable

TRADUIT DE L'ITALIEN PAR
JEAN-PAUL MANGANARO

Éditions du Seuil

TEXTE INTÉGRAL

EN COUVERTURE :
Photo Jean-Loup Charmet

Titre original : *Collezione di sabbia*
Éditeur original : Garzanti Editore, Milan, 1984
© 1990, PALOMAR s.r.l.

ISBN 2-02-012484-X
(ISBN 2-02-009355-3, 1re publication)

© 1986, Éditions du Seuil, pour la traduction française

La loi du 11 mars 1957 interdit les copies ou reproductions destinées à une utilisation collective. Toute représentation ou reproduction intégrale ou partielle, faite par quelque procédé que ce soit, sans le consentement de l'auteur ou de ses ayants cause, est illicite et constitue une contrefaçon sanctionnée par les articles 425 et suivants du Code pénal.

Note pour l'édition française

Italo Calvino a rassemblé sous ce titre, en novembre 1984, une série non de comptes rendus, mais plutôt de réflexions — dans son style — sur des expositions, des lectures, des voyages, qu'il avait, au cours des dix dernières années, adressées à des journaux italiens. C'est une partie de ce recueil qui est ici traduite en français, selon un choix établi en commun avec l'auteur : le dessein étant de proposer ceux de ces textes qui ont, directement ou indirectement, rapport avec une exploration du monde par le regard : un regard posé sur notre Terre à travers l'espace, le temps, la réalité et la fiction.
Bref, nous sommes ici dans l'atelier de Palomar.

1

Les explorations du regard

Collection de sable

Il existe une personne qui fait collection de sable. Elle voyage à travers le monde, et lorsqu'elle arrive sur une plage au bord de la mer, sur les rives d'un fleuve ou d'un lac, dans un désert ou une lande, elle ramasse une poignée de sable et l'emporte avec elle. Sur de longues étagères, à son retour, l'attendent des centaines de flacons de verre alignés dans lesquels le sable fin et gris du Balaton, celui très blanc du golfe de Siam, celui, rouge, que le cours de la Gambie dépose à travers le Sénégal déploient leur gamme étroite de couleurs estompées, révèlent une uniformité de surface lunaire, bien qu'à travers des différences de grain et de consistance : du gravillon noir et blanc de la mer Caspienne qui semble être encore trempé d'eau salée aux tout petits cailloux de Maratea, noir et blanc eux aussi, à la fine farine blanche piquetée de coquilles violettes de Turtle Bay, près de Malindi au Kenya.

Dans une exposition de collections bizarres qui s'est tenue récemment à Paris — collections de sonnailles à vache, de jeux de loto, de capsules de bouteille, de sifflets en terre cuite, de billets de train, de toupies, d'enveloppes pour rouleaux de papier hygiénique, d'insignes de la collaboration sous l'occupation, de grenouilles naturalisées —, la vitrine de la collection de sable était la moins voyante et pourtant la plus mystérieuse, celle qui semblait avoir le plus de choses à dire, quoique à travers le silence opaque emprisonné dans le verre de ses ampoules.

Passant en revue ce florilège de sables, l'œil ne saisit d'abord que les échantillons qui ressortent le plus : la couleur rouille du lit à sec d'un fleuve du Maroc, le noir et le blanc carbonifère des îles d'Aran, ou un mélange changeant de rouge, blanc, noir, gris qui porte sur l'étiquette un nom encore plus polychrome : « Ile des Perroquets, Mexique. » Par la suite les moindres différences entre un sable et l'autre obligent à une attention de plus en plus absorbée ; et ainsi, petit à petit, on entre dans une autre dimension, dans un monde qui n'a d'autres horizons que ces dunes en miniature, où une plage de cailloux roses n'est jamais pareille à une autre plage de cailloux roses (mélangés à des cailloux blancs en Sardaigne et dans les îles de Grenade aux Caraïbes ; mélangés à des cailloux gris à Solenzara en Corse), où une étendue de gravillons minuscules et noirs de Port Antonio en Jamaïque n'est pas pareille à une autre venue de l'île de Lanzarote aux Canaries, ni à une autre qui vient d'Algérie, peut-être du milieu du désert.

On a l'impression que cette présentation d'échantillons de la Waste Land universelle va nous révéler quelque chose d'important : une description du monde ? un journal secret du collectionneur ? ou une révélation sur moi qui suis en train de scruter dans ces clepsydres immobiles l'heure à laquelle je suis parvenu ? Tout cela ensemble, sans doute. Du monde, la récolte des sables choisis enregistre le résidu de longues érosions qui est en même temps l'ultime substance et la négation de son apparence luxuriante et multiforme : tous les décors de la vie du collectionneur y apparaissent plus vivants que dans une série de diapositives en couleurs (une vie — dirait-on — de tourisme éternel — telle qu'apparaît d'ailleurs la vie dans les diapositives, et telle que pourraient la reconstruire nos descendants s'il ne restait qu'elles pour documenter sur notre temps —, tout un prélassement sur des plages exotiques alternant avec les explorations les plus inaccessibles, dans une inquiétude géographique qui trahit une incertitude, une anxiété), évoqués, en même temps qu'effacés, par le geste désormais compulsif de se pencher pour ramasser quelques grains de sable et en remplir un sachet (ou un récipient en plastique? ou une bouteille de Coca-Cola?) et puis se retourner ensuite et s'en aller.

Comme toute autre collection, celle-ci aussi est un journal : journal de voyages, certes, mais tout autant journal de sentiments, d'états d'âme, d'humeurs; même si nous ne pouvons être sûrs qu'il existe vraiment une correspondance entre le sable froid couleur de terre de Leningrad, ou le sable très fin couleur de sable de Copacabana, et les sentiments qu'ils évoquent à les voir là mis en bouteille et étiquetés. Ou peut-être simple journal de cette obscure folle envie qui pousse tout autant à rassembler une collection qu'à tenir un journal, c'est-à-dire du besoin de transformer le cours de sa propre existence en une série d'objets sauvés de la dispersion, ou en une série de lignes écrites, cristallisées en dehors du flux continu des pensers.

Le charme fascinant qu'exerce une collection réside en

ce peu qu'elle révèle et en ce peu qu'elle cache de l'élan secret qui a conduit à la créer. Parmi les collections bizarres de l'exposition, une des plus impressionnantes était sans doute celle des masques à gaz : une vitrine où des faces vertes ou grisâtres en toile ou en caoutchouc, aux yeux aveugles, ronds et saillants, au nez-groin en forme de boîte ou de tube souple, vous regardaient. Quel esprit aura guidé le collectionneur ? Un sentiment — je crois — ironique en même temps qu'effrayé vis-à-vis d'une humanité qui avait été toute prête à se conformer à ces traits entre l'animal et le mécanique ; et peut-être aussi une confiance dans les ressources de l'anthropomorphisme qui invente de nouvelles formes à l'image et semblance du visage humain afin de s'adapter à respirer le phosgène ou l'ypérite, non sans une pointe de gaieté caricaturale. Et aussi, certes, une vengeance contre la guerre, pour en fixer dans ces masques l'aspect rapidement obsolète et qui apparaît donc à présent plus ridicule que terrifiant ; mais aussi le sentiment que dans cette cruauté hagarde et idiote on reconnaît encore notre image véritable.

Certes, si la collection de masques à gaz arrivait tout de même à transmettre une humeur en quelque sorte joyeuse et stimulante, un peu plus loin un effet glaçant et angoissant était produit par un collectionneur de Mickeys Mouses. Un type a rassemblé, certainement tout le long de sa vie, poupons, jouets, boîtes de produit, casquettes, masques, tricots, mobilier, bavoirs qui reproduisent les traits stéréotypés du Mickey disneyen. De la vitrine bondée, des centaines d'oreilles rondes et noires, de museaux blancs avec une boule noire pour nez, de gros gants blancs et des bras noirs filiformes concentrent leur euphorie ensucrée en une vision de cauchemar, révèlent une fixation enfantine sur cette unique image rassurante au milieu d'un monde effrayant : si bien qu'une sensation de terreur finit par déteindre sur ce talisman unique dans ses séries innombrables d'apparitions.

Mais là où l'obsession du collectionneur se replie sur elle-même, révélant son fond d'égotisme, c'est dans une vitrine pleine de chemises en carton, sans ornements et liées par des rubans, sur chacune desquelles la main d'une femme a écrit des titres tels que : *Les hommes que j'aime; Les hommes que je n'aime pas; Les femmes que j'admire; Mes jalousies; Mes dépenses quotidiennes; La mode que j'aime; Mes dessins d'enfance; Mes châteaux*, et même : *Les papiers qui enveloppaient les oranges que j'ai mangées.*

Ce que ces dossiers contiennent n'est pas un mystère, puisqu'il ne s'agit pas d'une exposante occasionnelle, mais d'une artiste professionnelle (« Annette Messager; collectionneuse » : c'est ainsi qu'elle signe), qui a fait de ses séries de coupures de journaux, feuillets de notes et croquis plusieurs expositions personnelles à Paris et à Milan. Mais ce qui nous intéresse à présent, c'est justement cette étendue de chemises fermées et étiquetées, ainsi que le procédé mental qu'elles impliquent. L'auteur elle-même l'a clairement défini : « J'essaie de posséder et de m'approprier la vie et les événements venus à ma connaissance. Pendant toute la journée je feuillette, collationne, mets en ordre, classe, trie, et je réduis tout cela sous forme d'autant d'albums de collection. Ces collections deviennent alors l'illustration de ma vie. »

Ses journées, minute après minute, pensée après pensée, réduites en collection : la vie broyée en une poussière de grains : le sable, encore.

Je reviens sur mes pas, vers la vitrine de la collection de sable. Le véritable journal secret à déchiffrer est là, parmi ces prélèvements sous verre de plages et déserts. Là aussi, le collectionneur est une femme (je le lis dans le catalogue de l'exposition). Mais, pour l'instant, il ne m'intéresse pas de lui prêter un visage, une silhouette; je la vois comme une personne abstraite, un moi qui pourrait être moi-même, un mécanisme mental que j'essaie d'imaginer au travail.

La voici qui revient d'un voyage, elle range de nouveaux flacons en les alignant sur les autres, et s'aperçoit tout à coup que sans l'indigo de la mer, le scintillement de cette plage de coquillages broyés s'est perdu; que rien n'est resté de la chaleur humide de l'oued dans le sable figé; que, loin du Mexique, le sable mélangé à la lave du volcan Paricutín n'est qu'une poussière noire semblable à celle qui tombe du tuyau d'une cheminée ramonée. Elle essaie de ranimer dans sa mémoire les sensations de cette plage, cette odeur de forêt, cette chaleur ardente, mais c'est comme secouer ce peu de sable au fond de la petite carafe étiquetée.

Il ne reste alors qu'à céder, qu'à se détacher de la vitrine, de ce cimetière de paysages réduits à un désert, de déserts sur lesquels le vent ne souffle plus. Et pourtant, celle qui a eu la constance de poursuivre des années durant cette collection savait ce qu'elle faisait, savait où elle voulait arriver : justement peut-être à éloigner d'elle le vacarme des sensations déformantes et a vent confus du vécu, et avoir pour elle enfin la sableuse de toutes les choses, toucher la structu de l'existence. C'est pourquoi elle ne détourne pas les yeux de ces sables, entre du regard dans une de ces fioles, y creuse sa niche, s'identifie avec elle, extrait les myriades de renseignements entassés dans un monticule de sable. Chaque gris, une fois décomposé en grains clairs et sombres, brillants et opaques, en forme de sphère, de polyèdre, ou plats, n'est plus perçu comme gris, ou commence alors seulement à nous faire comprendre la signification du gris.

En déchiffrant ainsi le journal de la mélancolique (ou heureuse ?) collectionneuse de sable, j'en suis arrivé à m'interroger sur ce qui est écrit dans ce sable de mots écrits que j'ai alignés au cours de ma vie, ce sable qui m'apparaît à présent si éloigné des plages et des déserts du vivre. Peut-être est-ce en fixant le sable en tant que sable, les mots en tant que mots, que nous pourrons être près de comprendre comment et en quelle mesure le monde érodé et broyé peut encore trouver là son fondement et son modèle.

1974

Qu'il était nouveau, le Nouveau Monde

Découvrir le Nouveau Monde était une entreprise fort difficile, comme nous l'avons tous appris. Mais c'était bien plus difficile, une fois le Nouveau Monde découvert, de *le voir* : comprendre qu'il était *nouveau*, tout à fait *nouveau*, différent de tout ce que l'on s'était attendu à trouver comme *nouveau*. Et la question qu'il devient naturel de se poser, c'est : si un nouveau Nouveau Monde était découvert aujourd'hui, saurions-nous *le voir*? Saurions-nous écarter de notre esprit toutes les images que nous avons l'habitude d'associer à l'attente d'un monde différent (celles de la science-fiction, par exemple) pour saisir la véritable différence qui se présenterait à nos yeux?

Nous pouvons tout de suite répondre que quelque chose a changé, depuis le temps de Colomb : au cours des derniers siècles, les hommes ont développé une capacité d'observation objective, un souci de précision dans l'établissement des analogies et différences, une curiosité pour tout ce qui est insolite et imprévu, toutes qualités que nos prédécesseurs de l'Antiquité et du Moyen Age semblent n'avoir pas possédées. C'est vraiment à partir de la découverte de l'Amérique, pouvons-nous dire, que le rapport avec le nouveau change dans la conscience humaine. C'est justement pourquoi on a l'habitude de dire que l'ère moderne commence à ce moment-là.

Mais en va-t-il vraiment ainsi ? Tout comme les premiers explorateurs de l'Amérique ne savaient pas en quel point allaient se trouver démenties leurs attentes ou confirmées des ressemblances bien connues, ainsi pourrions-nous nous aussi passer à côté de phénomènes jamais vus sans nous en rendre compte, parce que nos yeux et nos esprits ont l'habitude de choisir et cataloguer seulement ce qui entre dans des classifications déjà vérifiées. Un Nouveau Monde s'ouvre peut-être tous les jours devant nous, mais nous ne le voyons pas.

Ce sont ces réflexions qui me venaient à l'esprit en visitant l'exposition « L'Amérique vue par l'Europe » qui rassemble plus de trois cent cinquante tableaux, gravures et objets au Grand Palais à Paris, concernant tous l'image que les Européens se faisaient du Nouveau Monde, depuis les premières nouvelles qu'ils en eurent à la suite du voyage des caravelles jusqu'à l'acquisition graduelle des explorations et des descriptions du Continent.

Voici les rivages de l'Espagne d'où le roi Ferdinand de Castille donne l'ordre de lever l'ancre aux caravelles. Et ce bras de mer est l'océan Atlantique que traverse Christophe Colomb, parvenant aux îles fabuleuses des Indes. Colomb se penche à la proue de son bateau, et que voit-il ? Un cortège d'hommes et de femmes nus sortant de leurs huttes. Un an à peine était passé depuis le premier voyage de Colomb, et c'est ainsi qu'un graveur florentin reproduit la découverte de ce dont on ne savait encore que ç'allait être l'Amérique. Personne ne soupçonnait encore qu'une nouvelle ère s'était ouverte dans l'histoire du monde, mais l'émotion suscitée par l'événement s'était partout diffusée en Europe. La relation de Colomb inspire immédiatement un poème en huitains au Florentin Giuliano Dati, dans le style d'un « cantare » chevaleresque, et la gravure est justement une illustration de ce livre.

La caractéristique des habitants des terres nouvelles qui frappe le plus Colomb et tous les premiers voyageurs, c'est la nudité, et c'est la première donnée qui met en mouvement l'imagination des illustrateurs. Les hommes sont encore représentés avec de la barbe; la nouvelle que les Indios avaient des visages glabres ne semble pas s'être encore divulguée. Avec le deuxième voyage de Colomb et surtout avec les relations plus détaillées et hautes en couleur d'Amerigo Vespucci, s'ajoute à la nudité une autre caractéristique qui remplit l'Europe d'émoi : le cannibalisme.

En voyant un groupe de femmes indiennes sur le rivage — raconte Vespucci —, les Portugais firent débarquer un de leurs marins célèbre pour sa beauté, pour qu'il parlemente avec les Indiennes. Les femmes l'entourèrent en lui prodiguant des caresses et des expressions d'admiration; mais en même temps l'une d'elles se cacha derrière son dos et lui assena un coup de massue sur la tête, qui l'étourdit. L'infortuné fut traîné plus loin, coupé en morceaux, rôti et mangé.

La première question que se pose l'Europe sur les habitants des terres nouvelles est celle-ci : appartiennent-ils vraiment au genre humain? La tradition classique et médiévale parlait de lointaines contrées peuplées de monstres. Mais ces légendes sont vite démystifiées : les Indiens sont non seulement des êtres humains, mais aussi des exemples d'une beauté classique. Le mythe naît d'une vie heureuse, qui ne connaît la propriété ni la fatigue, comme à l'âge d'or ou au Paradis terrestre.

Après les grossières gravures sur bois, la représentation des Indios passe dans la peinture. Le premier Américain que nous voyons représenté dans l'histoire de la peinture européenne est l'un des Rois mages : dans un tableau portugais datable des environs de 1505, c'est-à-dire à peine une douzaine d'années après le premier voyage de Colomb, et à moins encore de l'arrivée des Portugais au Brésil. On croit toujours que les terres nouvelles font partie de l'Extrême-Orient asiatique. La tradition veut que, dans les tableaux de la Nativité du Christ, les Rois mages soient représentés en coiffures et habits orientaux. Maintenant que les relations des voyageurs fournissent un témoignage direct sur ce que sont ces légendaires habitants des Indes, les peintres se mettent à jour : le Roi mage indien porte sur sa tête une couronne de plumes en éventail, comme on en voit dans certaines tribus brésiliennes, et tient à la main une flèche tupinamba. S'agissant d'un tableau religieux, le personnage ne peut pas se présenter nu : on lui met un pourpoint et des chausses occidentales.

En 1537, le pape Paul III déclare : « Les Indiens sont vraiment des hommes... Non seulement capables de comprendre la foi catholique, mais extrêmement désireux de la recevoir. »

Les parures de plumes, les armes, les fruits, les animaux du Nouveau Monde commencent à arriver en Europe. Nous sommes en 1517 et un graveur allemand, en dessinant un cortège d'habitants de Calcutta, mêle des éléments asiatiques, comme l'éléphant et son cornac, les bœufs enguirlandés, les béliers à la grosse queue, avec des détails provenant des découvertes nouvelles : les plumes sur la tête (et même des habits en plumes tout à fait imaginaires), un perroquet ara du Brésil, et jusqu'à deux épis de maïs, la céréale destinée à avoir tant d'importance dans l'agriculture et dans l'alimentation de l'Italie du Nord, et dont l'origine américaine sera vite oubliée, au point qu'on l'appellera *granturco* (blé turc).

C'est à travers l'œuvre des grands cartographes du XVIe siècle que nous voyons non seulement les nouveaux territoires prendre une forme, mais aussi la faune, la flore et les coutumes des populations nous donner leurs premières images véridiques. Travaillant en contact étroit avec les explorateurs, les cartographes disposaient de renseignements de première main. Les contours des côtes atlantiques sont déjà connus en large partie, tandis que les terres nouvelles sont encore considérées comme un appendice de l'Asie. Ainsi sur une mappemonde en argent de 1530, où le golfe du Mexique est dénommé « Mer du Catay » et l'Amérique du Sud « Terre Cannibale ».

C'est sur une carte allemande qu'apparaît pour la première fois le nom *America*, soit Terre d'Amerigo, car c'était surtout à travers les relations de voyage de Vespucci que l'Europe avait pris conscience de l'importance géographique des découvertes. C'est seulement à la suite des lettres du marchand florentin que l'Europe se rend compte que ce qui s'ouvre à elle est véritablement un Nouveau Monde, d'une étendue énorme, et avec des caractéristiques qui lui sont propres.

Et voici que, sur les cartes, l'Amérique se détache de l'Asie. De l'Amérique du Nord (nommée ici « Terre de Cuba »), on ne connaît qu'une fine bande côtière et on croit qu'elle se trouve à peu de distance du Japon (nommé

« Zipangri »). Le nom d'Amérique n'est attribué qu'à l'Amérique du Sud, dite aussi « Terreneuve » et habitée par les habituels cannibales. Le continent a acquis un contour autonome, mais il est encore perçu — même dans sa forme — surtout comme un obstacle, une barrière qui nous sépare de la Chine et de l'Inde.

Sur les planisphères de Mercator, inventeur d'une nouvelle méthode de projection cartographique, le nom d'Amérique s'étend aussi à l'hémisphère septentrional, et côtoie celui de Terre des Morues, attribué au Labrador.

L'idée que l'on se fait de l'Indien reste longtemps divisée entre deux mythes opposés : celui du bonheur naturel d'une vie innocente comme dans l'Éden, et celui d'une cruauté féroce : le scalp, les tortures. Mais commence aussi à naître l'indignation devant la cruauté des Espagnols, les carnages et les pillages des *Conquistadores*.

Ce n'est que vers la fin du XVIe siècle que nous pouvons vraiment voir en face les Indiens. Et cela grâce encore à un cartographe et dessinateur, l'Anglais John White, qui en 1585 suivit l'expédition de Sir Walter Raleigh, fondateur de la première colonie anglaise d'outre-Atlantique, la Virginie. Les soixante-seize aquarelles de John White conservées au British Museum constituent le premier témoignage américain d'un peintre d'après nature. White ne dessina pas seulement les costumes des Peaux-Rouges et leurs activités, mais aussi les animaux de l'Amérique du Nord : les phénicoptères, les iguanes, les crabes de terre, les tortues, les poissons volants et les exemplaires les plus divers de la faune aquatique.

Que l'Amérique eût une faune et une flore complètement distinctes de celles de l'Ancien Monde est une réalité qui mit longtemps à être reconnue par les Européens.

Colomb avait ramené en Espagne dès son premier voyage des perroquets bien plus grands que ceux d'Afrique, les aras, qui suscitèrent aussitôt la curiosité et furent insérés par Raphaël dans les décorations grotesques des loges du Vatican.

Mais, en général, les nouveaux animaux d'Amérique semblent ne pas avoir créé une grande émotion. Le dindon commence très tôt à être élevé en Europe, mais on croit faussement qu'il est d'origine asiatique, le confondant avec la pintade.

L'animal qui frappe le plus l'imagination, c'est le tatou; au point que, dans les représentations allégoriques, l'Amérique est vue comme une femme nue, armée d'arc et de flèches, à califourchon sur un tatou.

La vérité est que, dans ce continent immense et luxuriant, les Européens s'attendaient probablement à trouver une faune de mastodontes et qu'ils ont été quelque peu déçus. L'Amérique est riche en animaux étranges, mais le plus souvent de dimensions modestes. C'est ce qui explique que les dessinateurs de certaines tapisseries des Gobelins aient ressenti le besoin d'y intégrer une vision luxuriante de la flore et de la faune du Brésil avec des animaux qui n'ont rien d'américain. Les représentants zoologiques les plus caractéristiques du Nouveau Monde, tels que le fourmilier, le tapir, le toucan, le boa, ne manquent pas, mais accompagnés d'un éléphant africain, d'un paon asiatique et d'un cheval comme ceux que les Européens avaient importés en Amérique.

Tout aussi lente mais bien plus riche de conséquences a été la conquête de l'Europe par les plantes américaines. La pomme de terre, la tomate, le maïs, le cacao qui allaient s'imposer dans l'agriculture et dans l'alimentation de tout l'Occident, le coton et le caoutchouc qui domineront une si grande partie de la production industrielle, et le tabac qui jouera un rôle si important dans les habitudes comportementales, il fallut longtemps avant qu'ils ne soient reconnus comme des plantes nouvelles. Au XVIe siècle, l'étude de la nature était encore fondée sur les auteurs grecs et latins; ce n'était pas le nouveau et le différent qui attiraient les savants, mais uniquement ce qui, à tort ou à raison, pouvait être classé sous les noms transmis par les classiques.

Dans l'exposition, nous voyons une aquarelle flamande ou allemande, datée de 1588, qui a une valeur historique extraordinaire, puisqu'il s'agit de la première représentation qu'on connaisse de la pomme de terre, importée du Pérou en Espagne quelques années auparavant; et une gravure constituant la première illustration d'un plant de tabac qui ait été publiée, en 1574, à Anvers. Une petite tête d'Indien qui émet des nuages de fumée à travers une étrange pipe verticale rappelle l'usage curieux que depuis Colomb aucun explorateur n'avait manqué de remarquer, et auquel on attribuait des propriétés tantôt thérapeutiques, tantôt toxiques.

Au XVIIe siècle, ce sont les Hollandais qui, après avoir chassé les Espagnols du Brésil et avant d'en être chassés à leur tour par les Portugais, envoient des savants et des artistes étudier la nature de la colonie. Albert Eckout marque la rencontre entre la nature hollandaise et la végétation brésilienne. Pastèques, anacardes, une anone, une passiflore, un ananas sont campés sur fond de ciel, comme une montagne de saveur et de parfum. Courges et concombres d'Amérique se mêlent aux choux et aux navets européens pour célébrer l'unification du monde des légumes d'un côté et de l'autre de l'Atlantique.

Un tableau de Franz Jansz Post, conservé au Louvre, marque le moment où la peinture hollandaise de paysage entre en contact avec la nature du Brésil. Et c'est alors vraiment un *autre* monde qui s'ouvre à nous, avec une sensation de vertige : une fortification militaire comme perdue devant l'espace vaste et calme du fleuve ; au premier plan, un cactus aussi ramifié qu'un arbre, un étrange animal (c'est le *cabiai*, le plus grand des rongeurs), et tout autour comme un air de lourde chaleur.

A travers les tableaux — toujours du XVIIe siècle — de Franz Post au Brésil passe encore le souffle anxieux de la découverte, le trouble de la rencontre avec quelque chose d'indéfini, quelque chose qui n'entre pas dans nos attentes. La première remarque suggérée par l'exposition du Grand Palais, c'est que l'Ancien Monde saisit avec plus de force les images du Nouveau lorsqu'il ne sait pas bien encore de quoi il s'agit, lorsque les informations sont rares et partielles, et qu'on a de la peine à séparer la réalité des erreurs et des fantaisies.

Dans ce même XVIIe siècle où quelques peintres hollandais découvrirent le Brésil, l'Amérique est devenue, dans les tableaux d'autres peintres, un personnage allégorique : elle a été classée comme une des quatre parties du monde et on lui donne une série d'attributs conventionnels, comme aux figures mythologiques.

Les différences internes de l'Amérique sont à leur tour enregistrées à travers une typologie sommaire des diverses colonies. Pour apprendre la géographie à Louis XIV enfant, on le fait jouer avec des cartes géographico-allégoriques dessinées par Stefano Della Bella.

Pour d'autres peintres, elle offre, sans presque plus de mystère, dans l'optique des paysagistes européens, un répertoire de vues à effet.

A partir du XVIIIe siècle, l'Amérique est pour l'Europe l'incarnation d'idées et de mythes politiques et intellectuels : le bon sauvage de Rousseau, la démocratie de Montesquieu, le charme romantique des Peaux-Rouges, la lutte contre l'esclavage.

L'allégorie correspond au besoin qu'a l'Europe de penser l'Amérique à travers ses propres schémas, de rendre conceptuellement définissable ce qui était et qui reste la *différence*, peut-être l'irréductibilité américaine, à savoir le fait que l'Amérique ait toujours à dire à l'Europe — du premier débarquement de Colomb jusqu'à aujourd'hui — quelque chose que l'Europe ne sait pas.

Cette constante allégorique est soulignée par le dernier morceau de l'exposition, un tableau français de la fin du XIXe, siècle qui nous rappelle que la statue de la Liberté a été projetée et édifiée à Paris entre 1871 et 1886. A sa réalisation collaborèrent, avec le sculpteur Bartholdi, le restaurateur de Notre-Dame, Viollet-le-Duc, et l'ingénieur Eiffel, le constructeur de la Tour. De même qu'aujourd'hui la statue s'érige sur fond de gratte-ciel, ainsi s'élevait-elle au-dessus des mansardes de Paris, avant d'être démontée et transportée à New York par bateau.

L'exposition s'arrête là, et ne pourrait peut-être pas aller au-delà, car les conditions ont changé au cours de ces derniers cent ans. Il n'y a plus d'Europe qui puisse regarder l'Amérique du haut de son passé, de son savoir et de sa sensibilité : l'Europe porte désormais en elle tant d'Amérique — non moins que ce que l'Amérique porte en elle d'Europe — que l'intérêt à mutuellement se regarder — non moins fort et jamais déçu — ressemble toujours plus à celui qu'on éprouve devant un miroir : un miroir doué du pouvoir de nous révéler quelque chose du passé ou du futur.

1976

Le voyageur dans la carte

La forme la plus simple de la carte géographique n'est pas celle qui nous apparaît aujourd'hui comme la plus naturelle, c'est-à-dire la carte qui représente la surface du sol telle que vue par un œil extraterrestre. Le premier besoin de fixer les lieux sur la carte est lié au voyage : c'est le mémento de la succession des étapes, le tracé d'un parcours. Il s'agit donc d'une image linéaire, telle qu'elle peut être donnée seulement sur un long rouleau. Les cartes romaines étaient des rouleaux de parchemin, et nous pouvons comprendre comment elles étaient faites sur une copie médiévale parvenue jusqu'à nous, la « Table de Peutinger », qui comprend tout le système de routes de l'Empire depuis l'Espagne jusqu'à la Turquie.

La totalité du monde alors connu y apparaît aplatie horizontalement comme en vertu d'une anamorphose. Puisque ce qui intéressait, c'étaient les routes terrestres, la Méditerranée est réduite à une étroite rayure horizontale ondulée séparant deux bandes plus larges, à savoir l'Europe et l'Afrique; c'est pourquoi la Provence et l'Afrique du Nord sont très proches l'une de l'autre, ainsi que la Palestine et l'Anatolie. Ces bandes continentales sont parcourues par des lignes toutes horizontales, toujours, et presque parallèles, qui sont les routes, coupées par des lignes serpentines qui sont les fleuves. Les espaces les entourant sont encombrés de noms écrits et d'indications de distances ; les villes sont marquées par des maisonnettes dessinées de diverses formes.

Ne croyez pas que ce modèle linéaire ne soit valable que pour l'Antiquité : il existe une carte anglaise sur ruban de 1675, avec l'itinéraire de Londres à Aberystwyth, dans le pays de Galles, qui permet aussi de s'orienter grâce à des roses des vents indiquées pour chaque segment de route.

Aux confins entre la cartographie et la peinture paysagiste et perspective, se place un rouleau japonais du XVIIIe siècle, long de plus de dix-neuf mètres, qui représente l'itinéraire de Tokyo à Kyoto : un paysage minutieux où l'on voit la route passer sur des hauteurs, traverser des bosquets, longer des villages, traverser des fleuves sur de petits ponts arqués, s'adapter aux caractéristiques du terrain, jamais trop accidenté. C'est un paysage toujours agréable à la vue, sans silhouettes humaines, même s'il est plein de signes de vie concrète. (Les points de départ et d'arrivée ne sont pas représentés, c'est-à-dire les deux villes, dont l'image serait certainement en contradiction avec l'harmonie uniforme du paysage.) Le rouleau japonais invite à s'identifier à l'invisible voyageur, à parcourir la route dans chacun de ses détours, à monter et descendre les petits ponts et les collines.

La poursuite d'un parcours du début à la fin offre une satisfaction particulière, aussi bien dans la vie que dans la littérature (le voyage en tant que structure de la narration), et il faudrait se demander pourquoi dans les arts figuratifs le thème du parcours n'a pas eu autant de fortune et n'apparaît que sporadiquement. (Je me souviens d'un peintre italien, Mario Rossello, qui a peint récemment un tableau très long, sur un rouleau lui aussi, qui représente un kilomètre d'autoroute.)

La nécessité d'inclure dans une image la dimension du temps en même temps que celle de l'espace est aux origines de la cartographie. Le temps vu comme histoire du passé : je pense aux cartes aztèques, toujours pleines de figurations historico-narratives, mais aussi aux cartes médiévales, tel un parchemin enluminé pour le roi de France par le célèbre cartographe de Majorque Abraham Cresques (XIVe siècle). Le temps au futur : comme présence d'obstacles qu'on rencontrera au cours du voyage, et c'est ici que le temps atmosphérique se soude au temps chronologique ; les cartes des climats répondent à cette fonction, comme celle qui fut dessinée dès le XIIe siècle par le géographe arabe El-Idrisi.

La carte géographique, en somme, tout en étant statique, présuppose une idée de narration, elle est conçue en fonction d'un itinéraire, c'est une Odyssée. Dans ce sens, l'exemple le plus approprié est le code aztèque des Pérégrinations, qui raconte à travers des figures humaines et des tracés géométriques l'exode de ce peuple — qui a eu lieu entre 1100 et 1315 — jusqu'à la Terre promise, celle qui allait devenir l'actuelle ville de Mexico.

(S'il existe la carte-Odyssée, la carte-Iliade ne peut manquer : en effet, dès les temps les plus reculés, les plans des villes suggèrent l'idée de l'encerclement, du siège.)

Ces réflexions me sont venues à l'esprit en visitant l'exposition « Cartes et images de la Terre » au centre Pompidou de Paris et en feuilletant le volume publié à cette occasion.

Dans un des essais du volume, François Wahl remarque que la représentation du globe terraqué commence seulement lorsque les coordonnées utilisées pour représenter le ciel sont référées à la Terre. Les paramètres célestes (axe polaire et plan équatorial, méridiens et parallèles) trouvent leur point de rencontre dans la sphère terrestre, c'est-à-dire au centre de l'univers (« erreur féconde s'il en fut »). Déjà, Strabon voyait la géographie comme un rapprochement de la terre et du ciel. La rotondité de la Terre et la quadrature des coordonnées acquerront une évidence en tant que projection sur notre microcosme du schéma du cosmos. « Nous n'avons pu décrire la terre que parce que nous y avons projeté le ciel. »

Les sphères du firmament et du globe terraqué se côtoient dans plusieurs représentations tant orientales qu'occidentales. Deux globes gigantesques de douze mètres de circonférence — une mappemonde et un globe céleste — sont les pièces maîtresses de l'exposition et ils occupent tout le « Forum » du centre Pompidou. Ce sont les plus grandes mappemondes jamais construites, commandées par Louis XIV au frère mineur vénitien Vincenzo Coronelli, cosmographe de la Sérénissime République de Venise (auteur, entre autres, d'un catalogue des îles de la Lagune, au très beau titre *Isolario* [Insularium]). Ces globes démontés se trouvaient depuis 1915 dans des caisses à Versailles : le fait de les avoir transportés à Paris, restaurés et replacés sur leurs piédestaux monumentaux et soutiens baroques en marbre et en bronze sculptés est un événement qui suffit à rendre mémorable cette exposition.

Le globe céleste représente le firmament tel qu'il était le jour de la naissance du Roi Soleil, avec toutes les allégories zodiacales peintes dans des tonalités bleu pâle. Mais la mappemonde est la grande merveille, sur des tons brun et ocre, historiée d'images (par exemple, les cruautés de sauvages cannibales) et d'inscriptions avec des renseignements transmis par les explorateurs et les missionnaires, servant à combler les vides là où la forme des lieux est encore incertaine.

De la Californie, Coronelli fait une île, en commentant dans une légende : « Certains fous disent que la Californie est une péninsule... » Et à un autre endroit : « On dit qu'il y a là une île, mais c'est faux et je ne l'y mets pas. » Pour ce qui est des sources du Nil, après les avoir marquées en un point et les avoir ensuite déplacées suivant un nouveau témoignage, Coronelli finit par insérer un texte sur les crues du fleuve, qui se conclut candidement par ces mots : « Je me suis trouvé devant un espace à remplir et j'y ai mis cette inscription. »

La documentation géographique sur les nouvelles explorations qui arrivait à Paris à cette époque était recueillie à l'Observatoire où Jean Dominique Cassini tenait à jour un grand planisphère. Coronelli aurait dû puiser là des informations qui l'obligeaient à corriger continuellement son travail ; mais les progrès de la cartographie, plus que l'aider, embarrassaient cet homme qui voyait encore la géographie à la manière fantaisiste des anciens compilateurs, plus que comme une science moderne.

Il faut dire que ce n'est que par le progrès des explorations que l'inexploré acquiert droit de citoyenneté sur les cartes. Avant, ce que l'on ne voyait pas n'existait pas. L'exposition parisienne souligne cet aspect d'un savoir pour lequel toute acquisition nouvelle amène à la conscience de nouvelles lacunes, par exemple dans la série de cartes où l'on croit que les côtes de l'Amérique du Sud abordées par Magellan au cours de son premier voyage appartiennent à l'Australie encore inconnue. La géographie s'institue en tant que science à travers le doute et l'erreur. (Popper devrait être content.)

La morale qui ressort de l'histoire de la cartographie, c'est toujours celle d'une réduction des ambitions humaines. Si, dans la carte romaine, l'orgueil d'identifier la totalité du monde avec l'Empire était implicite, nous voyons l'Europe rapetisser par rapport au reste du monde sur la carte de Fra Mauro (1459), un des premiers planisphères dessinés sur la base des comptes rendus de Marco Polo et des circumnavigations de l'Afrique, et où l'inversion des points cardinaux accentue le renversement de perspective.

C'est comme si la représentation du monde sur une surface limitée le faisait reculer automatiquement au microcosme, renvoyant à l'idée d'un monde plus grand qui le contient. C'est pourquoi la carte se situe souvent à la limite entre deux géographies, celle de la partie et celle du tout, celle de la terre et celle du ciel, ciel qui peut être firmament astronomique ou royaume de Dieu. Une tablette arabe faite à Constantinople au XVIe siècle présente une carte du monde très précise, surmontée d'une (vraie) boussole ; un index en argent pivote vers La Mecque pour que le fidèle puisse orienter ses prières dans la juste direction où qu'il se trouve.

On remarque à partir de tous ces traits combien un élan subjectif est toujours présent dans une opération qui semble se fonder sur l'objectivité la plus neutre, telle que la cartographie. Le grand centre de la cartographie de la Renaissance est une ville dont le thème spatial dominant est l'incertitude et la variabilité, puisque les limites entre la terre et l'eau y changent continuellement : Venise, où les cartes de la lagune sont toujours à refaire. (A Venise, au XVIIe siècle, Vestri dessina une carte des courants que les projections par satellite effectuées pour déterminer la pollution de la lagune confirment à présent point par point.) A la primauté des Vénitiens succédera au XVIIe siècle celle des Hollandais, avec leurs dynasties de grands cartographes-artistes, tels les Blaeu d'Amsterdam : un autre pays où les limites entre la terre et l'eau sont incertaines.

La cartographie en tant que connaissance de l'inexploré procède de pair avec la cartographie en tant que connaissance par chacun de son propre habitat. Les origines doivent en ce cas être recherchées dans la définition des limites sur les plans du cadastre, dont il semblerait qu'il faut reconnaître un premier exemple dans un graffiti préhistorique de la Val Camonica. (Il est intéressant de remarquer que, alors que les limites des propriétés ont été scrupuleusement tracées dès l'Antiquité la plus lointaine, une égale précision dans l'établissement des frontières entre les États semble n'être qu'une préoccupation récente. Un des premiers traités fixant des frontières de manière non approximative est celui de Campoformio, en 1797 : à l'époque napoléonienne la géographie militaire et politique assume une importance sans précédents.)

Entre la cartographie qui regarde vers l'ailleurs et celle qui se concentre sur le territoire familial, il y a un rapport continu. Au XVIIe siècle, l'expansion de la flotte française exigeait une production régulière de bois, mais les forêts de la France s'éclaircissaient et se dépouillaient progressivement. Colbert perçut alors la nécessité d'un relevé cartographique exhaustif des forêts françaises, de manière à avoir toujours présente l'importance des ressources en fûts d'arbre et à planifier rationnellement le ravitaillement et le transport du bois destiné aux chantiers. C'est à ce moment-là que, justement, pour soutenir l'expansion maritime, la connaissance géographique du territoire intérieur devient en France une nécessité primordiale.

Colbert appelle alors à Paris pour diriger l'Observatoire astronomique Jean Dominique Cassini (1625-1712), originaire de Perinaldo près de San Remo, professeur à l'université de Bologne. Nous retrouvons ici le lien entre le ciel et la terre : c'est de l'Observatoire de Paris qu'une dynastie d'astronomes, les Cassini, travaille pendant quatre générations à une carte très minutieuse de la France, dont les problèmes théoriques de triangulation et de mensuration vont se trouver au centre du débat scientifique et dont l'achèvement détaillé durera plus de soixante ans.

La carte des Cassini (à l'échelle d'une « ligne » pour cent toises, soit de 1 à 86400) est exposée dans une reproduction qui envahit tout un stand en débordant des parois sur le sol. Chaque forêt y est dessinée arbre après arbre, chaque petite église a son clocher, chaque village est quadrillé avec tous ses toits, si bien qu'on a l'impression vertigineuse d'avoir sous les yeux tous les arbres et tous les clochers et tous les toits du Royaume de France. On ne peut pas ne pas se souvenir du récit de Borges où la carte de l'Empire chinois coïncidait avec l'étendue de l'Empire.

De la carte des Cassini ont disparu les silhouettes humaines que Coronelli sentait encore le besoin d'insérer dans les étendues de sa mappemonde; mais ce sont justement ces cartes désertes, inhabitées, qui éveillent dans notre imagination le désir de les vivre de l'intérieur, de nous rapetisser jusqu'à trouver notre propre chemin dans le lacis des signes, de les parcourir, de nous y perdre.

La description de la terre, si d'un côté elle renvoie à la description du ciel et du cosmos, renvoie, de l'autre, à notre propre géographie intérieure. Parmi les documents exposés, il y a les photographies de graffiti mystérieux qui apparaissaient il a quelques années sur certains murs de la ville nouvelle de Fez, au Maroc. On découvrit qu'ils étaient tracés par un vagabond analphabète, paysan émigré qui ne s'était pas intégré à la vie urbaine et qui éprouvait le besoin, pour se retrouver, de marquer les itinéraires d'une sienne carte secrète, en la superposant à la topographie de la ville moderne qui lui était étrangère et hostile.

Procédé opposé et symétrique à celui d'un prêtre italien du début du XIVe siècle, Opicinus de Canistris. Muet, le bras droit paralysé, à demi amnésique, en proie souvent à des visions mystiques et à l'angoisse du péché, Opicinus a une obsession dominante : interpréter les cartes géographiques pour en dire le signifié. Il ne fait que dessiner la carte de la Méditerranée, la forme des côtes en long et en large, y superposant parfois le dessin de la même carte différemment orienté, et il fait apparaître, dans ces tracés géographiques, des silhouettes humaines et animales, des personnages de sa vie et des allégories théologiques, des compénétrations sexuelles et des apparitions angéliques, en leur juxtaposant un commentaire écrit serré sur l'histoire de ses mésaventures et quelques vaticinations sur le destin du monde.

Cas extraordinaire d'« art brut » et de folie cartographique, Opicinus ne fait que projeter son propre monde intérieur sur la carte des terres et des mers. Par un procédé inverse, la société des « précieuses » du XVIIe siècle essaiera de représenter la psychologie selon le code des cartes géographiques : c'est la « carte du Tendre » imaginée par Mlle de Scudéry, où un lac est l'Indifférence, un rocher l'Ambition, et ainsi de suite. Cette idée topographique et extensive de la psychologie, qui indique des rapports de distance et de perspective entre les passions projetées sur une étendue uniforme, fera place avec Freud à l'idée géologique et verticale de la psychologie des profondeurs, faite de strates superposées.

1980

Le musée des monstres de cire

Dans une vitrine donnant sur la rue, une jeune femme est couchée sur le dos, enveloppée dans une robe blanche flottante garnie de dentelles. Son visage endormi a des traits délicats, d'un jaune mortuaire ; sa poitrine chastement recouverte se soulève et palpite en un souffle régulier. Un peu plus loin, une affiche représente, photographiés en couleurs, deux frères siamois, ou, pour mieux dire, un enfant qui au-dessus de l'estomac se dédouble en deux enfants identiques. Tout autour, une façade de toile peinte en rouge avec des décorations dorées, et cette inscription : « Grand Musée anatomique-ethnologique du Dr P. Spitzner. »

Pendant plus de quatre-vingts ans, à partir de 1856, le musée des cires anatomiques du Dr Spitzner a été une attraction de foire, surtout dans les villes de Belgique. Il avait d'abord été installé à Paris, en un lieu fixe, avec la pleine bénédiction des institutions scientifiques (quatre-vingts pièces venaient de la célèbre collection de modèles pathologiques du Dr Dupuytren) ; des vicissitudes variées en firent un musée vagabond qui trouva place parmi les baraques foraines, les manèges, les stands de tir, les sérails. Ce, en proclamant toujours son but pédagogique et moralisateur : le livret du programme s'ouvrait sur une sorte de décalogue de propagande en faveur de la santé, premier trésor et premier devoir des bons citoyens ; les visions horripilantes que le musée présentait (tumeurs, ulcères et bubons, foies cirrhotiques et estomacs fibreux) devaient inculquer aux jeunes la terreur des maladies vénériennes et de l'alcoolisme. Mais les sections dédiées à ces maladies « coupables » n'étaient qu'une partie, quoique importante, de l'exposition, qui dans son ensemble semblait inviter à porter le regard sur ce dont nous sommes d'habitude enclins à le détourner : les altérations possibles de notre chair, la physionomie cachée de nos viscères, le déchirement que nous ressentons en nous-mêmes quand nous assistons à une opération chirurgicale.

A cette pédagogie de l'horreur, était étrangement jointe une documentation ethnologique : un défilé de statues de cire représentant les sauvages boschimans, les Australiens ou les Indiens d'Amérique, grandeur nature : une vision qui, dans ces temps pré-cinématographiques, devait faire beaucoup plus d'« effet » que nous ne pouvons imaginer aujourd'hui. A y regarder de près, même dans cette section ethnologique dominait le motif commun à tout le musée : la nudité « différente », aussi intime que toute nudité, mais rendue distante par la maladie, la difformité, l'étrangeté de civilisation ou de race, avec en plus ce malaise que la cire ajoute lorsqu'elle imite la pâleur de la peau humaine.

On ne sait pas clairement qui était en réalité ce Dr Spitzner. On le soupçonne de n'avoir pas été médecin. Sur les photographies, aussi bien lui que sa femme ont l'air d'imprésarios de foire plutôt que d'apôtres de la science ; mais on ne peut savoir. Certes, son sadisme, composante essentielle du monde visuel qu'il nous propose, présentait une qualité différente de celui plus lyrique du

Florentin Clemente Susini ou de celui plus sorcier du Napolitain Raimondo di Sangro ou de celui purement spectaculaire de l'Anglaise d'adoption Marie Tussaud. Mais ces trois noms appartiennent tous au XVIIIe siècle, avec ce que ce siècle comporta d'attitudes intellectuelles et psychologiques complexes, tandis que la date de fondation du musée Spitzner nous transporte en pleine époque du positivisme, du scientisme et de la pédagogie de vulgarisation ; date non moins glorieuse, quoi qu'il en soit, si l'on songe que c'est celle de la publication des *Fleurs du mal* et de *Madame Bovary*, et de leurs procès — procès contre ce qui était alors abhorré ou exalté comme « exploration du vrai ».

Comme il était advenu dans ces cas sublimes, l'entreprise mal définissable du Dr Spitzner dut elle aussi lutter contre l'hostilité des bien-pensants, la censure des autorités, les protestations des pères de famille ; et les mêmes batailles se sont répétées au cours de notre siècle, quand Mme Spitzner, devenue veuve, remit en activité le musée itinérant, dans les années vingt. Le fait est que, dans les souvenirs de plusieurs écrivains et artistes belges, leur première entrée anxieuse dans le pavillon du musée Spitzner occupe une place suggestive : il suffit de dire que Paul Delvaux a déclaré que, pour la formation de son monde visionnaire, celle-ci fut l'expérience fondamentale, bien avant la découverte de De Chirico.

Perdu pendant la guerre (qui détruisit au cours d'un bombardement les placards extérieurs en couleurs, élément certes non négligeable de son charme), retrouvé dans un entrepôt, le musée du Dr Spitzner a été à présent reconstruit et exposé temporairement à Paris par le Centre culturel belge, sur la place Beaubourg. La première chose qui frappe est combien l'imitation fidèle de la nature, au lieu d'être intemporelle, se trouve empreinte de la couleur de son époque. C'est le regard selon lequel ces modèles ont été conçus qui appartient au XIXe siècle : à la fois de distance et d'attraction, de célébration du « vrai » en même temps que de sa condamnation.

Dans la reconstruction du cadre, on a essayé de garder l'atmosphère entre le louche et le scientifique, celle à la fois d'un laboratoire d'hôpital, d'une morgue et d'une baraque de luna-park, qu'il devait avoir alors, y compris la pénombre où les nudités cadavériques ressortent, et la petite musique affaiblie de fanfare villageoise. Seule manque la voix des bonimenteurs et des guides qui — suivant les chroniques — commentaient la « Vénus anatomique » démontable en quarante morceaux, en passant du parfum séduisant de l'épiderme au sombre emmêlement des vaisseaux sanguins et des ganglions, à l'enchevêtrement des nerfs, à la blancheur du squelette.

Ce sont non seulement des modèles en cire qui sont exposés, mais aussi des pièces naturelles, comme par exemple la peau humaine complète, entièrement tannée, d'un homme de trente-cinq ans (pièce unique, signale le catalogue, telle qu'aucun musée n'en possède de pareille) : ce tapis humain, écrasé comme une fleur entre les pages d'un livre, m'est apparu là-dedans comme l'image la plus fraternelle et reposante. Je dois admettre que je n'ai jamais ressenti l'attraction des viscères (tout comme je n'ai jamais ressenti un grand élan pour explorer l'intériorité psychologique) ; de là peut-être ma préférence pour cet homme tout en extension, déployé sur toute sa surface, excluant toute épaisseur et toute intention secrète.

En somme, au-delà des annotations d'atmosphère,

l'exposition du Dr Spitzner ne peut avoir en moi un bon chroniqueur : mon regard tendait instinctivement à fuir toute image dans laquelle l'intérieur se répand à l'extérieur. C'est surtout dans le pavillon des maladies vénériennes que j'ai préféré ne pas m'arrêter, encouragé par la nouvelle consolante que certains aspects cliniques qui y sont représentés ont aujourd'hui disparu grâce aux progrès thérapeutiques. (Comme dit le catalogue qui vante l'intérêt historique de l'exposition même pour un médecin spécialiste, puisque désormais certaines lésions syphilitiques « ont abandonné la scène pathologique ».)

Je préfère me pencher et me recueillir sur la cloche en verre qui enferme une reproduction de la tête guillotinée de l'anarchiste Caserio, modelée en cire aussitôt après que l'originale fut tombée dans le panier (1894), avec un cou tranché à l'aspect aussi frais que dans une boucherie, une expression à jamais figée dans ses yeux écarquillés et renversés, dans ses narines dilatées, ses mâchoires serrées : le résultat fait penser à une photo instantanée au flash, sauf qu'ici l'objectivisation est absolue et sans résidus.

L'exemple de fantaisie sadico-surréaliste le plus incroyable se trouve dans les représentations des phases de l'accouchement et des opérations gynécologiques. Un mannequin entier d'opérée d'une césarienne se présente les yeux ouverts, le visage contracté par la douleur, la coiffure impeccable, les chevilles liées, habillé d'une grande chemise ornée de dentelles, ouverte uniquement sur la région entamée par le bistouri et sur le fœtus qui se présente. Quatre mains d'homme sont posées sur le corps (deux opèrent et deux pèsent sur la taille) : mains fines et cireuses aux ongles bien soignés, mains fantomatiques parce qu'elles ne sont pas soutenues par des bras mais seulement garnies de manchettes d'une éclatante blancheur et de bas de manches de veste noire, comme si toute cette cérémonie se déroulait entre personnes en tenue de soirée.

Parmi les attractions qui faisaient (et font) accourir le public, il y avait certes celle qui figure dans le catalogue comme « collection de monstres ». Il y a le fac-similé en cire du pubis d'un certain John Chiffort, « né dans le comté du Lancashire, reproduit d'après nature à l'âge de vingt ans ; il possède trois jambes et deux pénis, tous les deux aptes à la procréation ». N'était la jambe centrale, atrophiée et franchement désagréable à voir, les deux pénis, symétriques et parallèles, ont un naturel et une urbanité tels qu'ils arrivent à convaincre que tout homme pourrait très bien en être normalement doté.

Le cas opposé est celui des frères Tocci, nés en Sardaigne en 1877, qui avaient chacun une tête, deux bras et un dos parfaitement normaux, mais qui, à partir de l'estomac jusqu'en bas, étaient une personne unique, avec un ventre unique et une unique paire de jambes. Leur mannequin en cire (reproduit sur les affiches de l'exposition) les représente à l'âge apparent de neuf ou dix ans, et l'émotion suscitée est accentuée par le fait que leurs visages sont ceux de deux enfants très beaux, pleins de vivacité. « Ils jouissent actuellement d'une santé excellente et ils ont fait une tournée dans les principales capitales d'Europe. Ils sont incontestablement le phénomène le plus curieux que l'on ait pu jamais voir. » Ce texte tiré du vieux catalogue est suivi d'une note de mise à jour qui dit : « En 1897, les frères Tocci, après avoir fait fortune, se marièrent avec deux sœurs et se retirèrent dans une propriété des environs de Venise, morts en 1940 à l'âge de 63 ans. »

Malheureusement, ces renseignements rappor catalogue sont en grande partie faux. Je peux l'a parce que justement, ces jours-ci, j'ai eu entre les mains le volume récent de Leslie Fiedler, *Freaks*, qui, en plus des chapitres sur les nains, les géants, les femmes à barbe, les hermaphrodites, contient une trentaine de pages sur les frères siamois, riches d'informations essentielles. D'après celles-ci, il semble que Giovanni Battista et Giacomo Tocci, baptisés comme deux personnes distinctes quoiqu'ils fussent une seule personne à partir de la septième côte, étaient obligés de supporter un autre grave handicap : leur unique paire de jambes n'était pas en mesure de les soutenir ni de marcher. (Le fait est que le mannequin du Dr Spitzner les montre appuyés à une balustrade.) Cette immobilité limitait beaucoup leurs possibilités dans les exhibitions de « phénomènes vivants » ; c'est pourquoi, après une tournée internationale plutôt courte mais exténuante, ils durent renoncer à la carrière du cirque et se retirèrent en Italie où ils s'éteignirent tristement (je ne trouve pas de date, mais vraisemblablement encore jeunes).

Le renseignement sur leur mariage avec les deux sœurs dérive probablement de la contamination de leur histoire « vraie » par une autre (l'unique de ce genre qui puisse en quelque sorte être considérée comme « finissant bien ») : celle des deux frères siamois éponymes (c'est-à-dire de ceux dont la renommée se trouve à l'origine de l'usage d'appeler « siamois » tous les jumeaux soudés par une partie de leur corps), Chang et Eng, nés en 1811 au Siam, d'une pauvre famille chinoise, et morts en 1874 aux États-Unis. Vite tombés aux mains d'imprésarios sans scrupules qui les transportèrent en Amérique, croyant pouvoir disposer d'eux comme d'un objet, Chang et Eng se révélèrent capables de conquérir leur indépendance et de gérer leur propre fortune sans se laisser exploiter, pas même par l'avide Barnum, dans le cirque duquel ils s'exhibèrent jusqu'en 1839.

L'histoire de Chang et Eng, c'est le triomphe de la perspicacité chinoise en même temps que du credo américain dans le dépassement de l'adversité et des préjugés : car ils réussirent à se retirer à la campagne, en Caroline du Nord, et à gagner le respect du monde clos des agriculteurs blancs, au point d'épouser deux sœurs, filles d'un propriétaire aisé, pasteur de l'Église baptiste. De leurs épouses, ils eurent respectivement douze et dix enfants, tous normaux, ce pourquoi aujourd'hui leur descendance compte un millier de citoyens américains.

L'image des frères Tocci sur les affiches frappa l'imagination de Mark Twain qui esquissa un récit s'inspirant de leur cas, tout comme le cas de Chang et Eng lui avait offert la matière pour un autre récit. (Le thème du « double » est récurrent dans son œuvre.) Le livre de Fiedler, dont le sous-titre est *Myths and Images of the Secret Self*, enregistre et mêle les renseignements historiques avec les inventions littéraires et cinématographiques et avec l'évocation des archétypes mythiques. Les pages les plus intéressantes du livre sont toujours les histoires vraies : la vie des « phénomènes vivants » dans le monde du cirque — des histoires presque toutes fort tristes.

Mais le point de départ de ce volume de Fiedler est une réflexion sur la fortune culturelle changeante du terme *freaks*, autrefois connoté d'une horreur fascinée et maintenant revendiqué « comme un titre honorifique par des jeunes physiologiquement normaux mais dissidents, autrement connus sous le nom d'hippies ou beatniks ». Fiedler part de là pour rechercher la valeur que les formes de « différence » physique ont revêtue dans les diverses cultures, en s'interrogeant sur les limites et sur les rôles qui définissent l'existence humaine. Dans ce cadre, le musée des cires du Dr Spitzner peut fournir l'occasion de quelques réflexions supplémentaires.

1980

Le récit de la colonne Trajane

Les treillis métalliques et les échafaudages de planches qui depuis quelque temps entourent divers monuments romains offrent pour la colonne Trajane une possibilité plus que rare, unique, une occasion qui se présente sans doute pour la première fois, depuis dix-neuf siècles que la colonne a été élevée : les bas-reliefs peuvent être vus de près.

Vus peut-être *in extremis*, parce que la surface sculptée du marbre est en train de devenir de la craie, soluble à l'eau, et les pluies l'emportent. La Surintendance aux antiquités essaie justement de protéger par ses échafaudages cette pellicule désormais friable, en attendant qu'on trouve un système pour la fixer ; système dont on ne sait encore s'il existe. C'est peut-être la faute du smog, ou des vibrations, ou c'est la meule du temps qui, millénaire après millénaire, réussit à tout réduire en poussière : le fait est que l'éternité présumée des vestiges romains est peut-être arrivée à son crépuscule et que ce sera à nous d'être les témoins de sa fin.

Cela dit, je me suis empressé de monter sur les échafaudages de la colonne Trajane, le monument le plus extraordinaire certainement que l'Antiquité romaine nous ait légué et aussi le moins connu, quoiqu'on l'ait eu toujours là sous les yeux. Car ce qui fait le côté exceptionnel de la colonne, ce ne sont pas seulement ses quarante mètres de hauteur, mais sa « narrativité » figurative (toute en détails minutieux d'une grande beauté) qui requiert une « lecture » suivie de la spirale de bas-reliefs sur deux cents mètres de long et qui raconte les deux guerres de Trajan en Dacie (101-102 et 105 ap. J.-C.). Salvatore Settis, professeur d'archéologie classique à l'université de Pise, m'accompagnait.

Le récit commence par la représentation de la situation qui précéda immédiatement le début de la campagne, quand les frontières de l'Empire étaient encore sur le Danube. Le bandeau narratif s'ouvre (d'abord tout près du sol, puis en s'élevant au fur et à mesure) avec le paysage d'une ville romaine fortifiée sur le fleuve : les remparts, la tour de garde, les dispositifs pour la signalisation optique en cas d'incursions de la part des Daces, à savoir des piles de bois pour le feu et des tas de foin pour les colonnes de fumée. Ces éléments sont tous destinés à créer un effet d'alarme, d'attente, de danger, comme dans un western de John Ford.

Ainsi sont en place les prémisses pour la scène suivante : les Romains traversant le Danube sur des ponts de bateaux pour prendre position sur l'autre bord ; qui pourrait douter de la nécessité de renforcer une frontière si exposée aux attaques des Barbares en établissant des avant-postes sur leur territoire ? Les files de soldats s'acheminent sur les ponts, avec à leur tête les enseignes des légions ; les figures évoquent le piétinement bruyant de la troupe en marche, avec les petits casques qui pendent attachés aux épaules, les gamelles et les poêles pendues à des perches.

Le protagoniste du récit est naturellement l'empereur

Trajan lui-même, représenté soixante fois sur ces bas-reliefs ; on peut dire que chaque épisode est marqué par la réapparition de son image. Mais comment l'empereur se distingue-t-il des autres personnages ? Ni son aspect physique ni ses habits ne présentent des signes distinctifs ; c'est sa position par rapport aux autres qui l'indique sans l'ombre d'un doute. S'il y a trois figures en toge, Trajan est celle du milieu ; en effet, les deux autres à ses côtés regardent vers lui et c'est lui qui gesticule ; s'il y a une file de personnes, Trajan est le premier : il est en train ou bien d'exhorter la foule ou d'accepter la soumission des vaincus ; il se trouve toujours au point où convergent les regards des autres, et ses mains se lèvent en faisant des gestes significatifs. Là, par exemple, on le voit diriger un travail de fortification en montrant le légionnaire qui dépasse d'un fossé (ou des flots d'un fleuve ?) avec sur le dos un panier plein de la terre des excavations pour les fondations. Plus loin, il est représenté sur le fond du campement romain (au milieu, il y a la tente impériale) tandis que des légionnaires poussent vers lui un prisonnier qu'ils tiennent par les cheveux (les Daces se reconnaissent à leurs longues chevelures et à leurs barbes) et que d'un coup de genou (presque un croc-en-jambe) ils obligent à s'agenouiller à ses pieds.

Tout est très précis : les légionnaires se distinguent par leur cuirasse segmentée (une cuirasse à rayures horizontales), et puisqu'il leur revenait aussi des tâches de sapeurs, nous les voyons maçonner des pierres ou abattre des arbres tout revêtus de leur cuirasse, détail peu vraisemblable mais servant à faire comprendre qui ils sont ; tandis que les *auxilia* portent une vareuse de cuir, sont armés plus légèrement et sont souvent représentés à cheval. Puis, il y a les mercenaires qui appartiennent à des populations soumises, torse nu, armés de massue, avec des traits qui indiquent leur provenance exotique : même des Maures de Mauritanie. Tous ces soldats sculptés sur les bas-reliefs, par milliers et milliers, ont été catalogués avec précision, parce que la colonne Trajane a été jusqu'à présent étudiée surtout en sa qualité de document d'histoire militaire.

Plus incertaine est la classification des arbres, représentés sous une forme simplifiée, presque en idéogrammes, mais regroupables en un nombre restreint d'espèces bien distinctes : il y a un type d'arbre à feuilles ovales et un autre à frondaisons en bouquets ; puis des chênes, au feuillage si particulier ; il me semble aussi reconnaître un figuier qui dépasse d'un mur. Les arbres sont l'élément du paysage qui revient le plus ; et on les voit souvent tomber sous la hache des bûcherons romains : pour fournir des poutres aux fortifications, mais aussi pour faire place à des routes : l'avancée romaine ouvre son chemin dans la forêt primordiale tout comme le récit sculpté ouvre son chemin dans le bloc de marbre.

Les batailles aussi sont chacune différentes l'une de l'autre, comme dans les grands poèmes épiques. Le sculpteur les fixe synthétiquement au moment où l'issue se décide, les mettant en pages suivant une syntaxe visuelle d'une claire évidence, en même temps que d'une grande élégance et noblesse formelle : les morts dans le bas, en une frise de corps renversés sur le bord du bandeau, le mouvement des troupes qui s'affrontent, avec les gagnants en position dominante, encore plus haut l'empereur et, dans le ciel, une apparition divine. Et, comme dans les poèmes épiques, il ne manque jamais un détail macabre ou truculent : voici un Romain qui retient entre ses dents la tête coupée d'un ennemi dace, qui pendille avec ses longs cheveux ; et d'autres têtes coupées sont présentées à Trajan.

On dirait que chaque bataille est aussi marquée par un motif géométrique stylisé, toujours différent : par exemple, nous voyons ici tous les Romains l'avant-bras droit levé à angle droit dans la même direction, comme pour lancer un javelot ; et, aussitôt au-dessus, Jupiter vole dans la voile de son manteau, levant la main droite en un geste identique, brandissant certainement une foudre dorée aujourd'hui disparue (nous devrions imaginer les bas-reliefs colorés, comme ils l'étaient à l'origine), signe indubitable que la faveur des dieux est du côté des Romains.

La débâcle des Daces n'est pas désordonnée, elle garde au contraire, malgré l'agitation, une dignité douloureuse ; en dehors de la mêlée, deux soldats daces transportent un compagnon blessé ou mort ; c'est un des morceaux les plus beaux de la colonne Trajane et peut-être de toute la sculpture romaine ; un détail qui a été certainement la source de plusieurs Dépositions chrétiennes. Un peu plus haut, parmi les arbres d'un bois, le roi Décébale contemple avec tristesse la défaite des siens.

Dans la scène suivante, un Romain met le feu avec une torche à une ville dace. Trajan en personne lui en donne l'ordre, là debout derrière lui. Des fenêtres sortent des langues de flammes (imaginons-les peintes en rouge) tandis que les Daces prennent la fuite. Nous sommes sur le point de juger cruelle la conduite de guerre des Romains lorsque, en observant mieux, nous voyons dépasser des murs de la ville dace des pals où sont enfoncées des têtes coupées. Nous sommes à présent prêts à condamner les Daces cruels et à justifier la vengeance de Rome : le metteur en scène des bas-reliefs savait ordonner justement les effets émotifs de ses images en fonction de sa stratégie : la célébration.

Puis Trajan reçoit une ambassade des ennemis. Mais nous avons désormais appris à distinguer parmi les Daces ceux qui ont le *pilleus* (un petit béret rond) et qui sont les nobles de ceux qui portent leur longue chevelure à découvert, c'est-à-dire les gens ordinaires. Eh bien, l'ambassade est composée de têtes chevelues ; c'est pourquoi Trajan ne l'accepte pas (le geste fait avec trois doigts est un signe de refus) ; il exige certes des contacts à un plus haut niveau (qui ne tarderont pas à venir, après d'autres défaites des Daces).

Apparition inhabituelle, dans cette histoire toute faite d'hommes comme dans tant de films de guerre, voici une jeune femme à l'air désolé sur un bateau qui s'éloigne d'un port. Sur le môle, il y a la foule qui la salue, et une femme tend un enfant vers celle qui part, certainement un de ses fils dont la mère est obligée de se séparer. L'immanquable Trajan assiste aussi à cet adieu. Les sources historiques éclairent la signification de cette scène : la femme est la sœur du roi Décébale, envoyée à Rome comme butin de guerre. L'empereur lève une main pour saluer la belle prisonnière, et de l'autre main indique l'enfant : pour lui rappeler qu'il garde l'enfant en otage ? ou pour lui promettre qu'il le fera élever à la romaine, pour en faire un roi soumis à l'Empire ? Quoi qu'il en soit, la scène revêt un pathos mystérieux, accentué par le fait que dans cette même séquence, sans qu'on sache pourquoi, nous venons d'assister à une razzia de bétail, avec des images d'agneaux massacrés.

(Des figures de femmes apparaissent aussi dans une des scènes les plus cruelles de la colonne : des femmes, comme en proie à la colère, sont en train de torturer des hommes nus : des Romains, dirait-on, puisqu'ils ont les cheveux courts ; mais le sens de la scène reste obscur.)

L'espace qui sépare deux séquences est marqué par un élément vertical, un arbre par exemple. Mais il y a parfois aussi un motif qui continue au-delà de cette limite, d'un épisode à l'autre : par exemple, les flots marins sur lesquels part la princesse prisonnière deviennent le courant du fleuve qui dans la scène suivante emporte les Daces après leur assaut vain contre une place forte romaine.

En même temps que la continuité horizontale (ou mieux, oblique, s'agissant d'une spirale qui enveloppe le fût de marbre), on remarque que certains motifs se relient verticalement, d'une scène à l'autre, le long de la colonne, dans le sens de la hauteur. Par exemple, les *Roxolani* combattent avec les Daces : ce sont des chevaliers au corps entièrement recouvert d'une armure en écailles de bronze, leurs chevaux aussi tout en écailles ; leur présence voyante, comme une annonce de l'*imagerie* médiévale, domine dans une bataille sur le fleuve ; mais dans la scène d'une autre bataille qui a lieu immédiatement au-dessus de celle-ci, nous voyons un autre de ces êtres écaillés gisant mort, allongé comme une sorte d'homme-poisson ou d'homme-reptile. Plus loin, le mouvement d'une bataille est donné par un déploiement de boucliers ovales qui font front sur une ligne diagonale ; dans la portion de colonne située au-dessus, se répète une série de boucliers du même genre, mais cette fois ils sont disposés en bande horizontale, jetés au sol par des ennemis qui se sont rendus au cours d'une autre bataille.

La spirale tourne, et en même temps se poursuivent le déroulement de l'histoire dans le temps et l'itinéraire dans l'espace; c'est pourquoi le récit ne revient jamais aux mêmes endroits : ici, Trajan s'embarque dans un port, là, il aborde, se met en marche et poursuit l'ennemi, voici une forteresse prise d'assaut avec les « tortues », et plus loin entrent en scène les artilleries de campagne : *carrobalistae*, c'est-à-dire des catapultes montées sur des chars. Partout, on rappelle le souvenir des morts et des blessés, des deux côtés, et les soins médicaux, pour lesquels l'armée de Trajan devint fameuse. L'attention portée à ne mettre au second rang les contributions d'aucun corps de l'armée romaine est évidente : si on présente un légionnaire blessé, on place à côté de lui un autre blessé appartenant aux *auxilia*.

Après la bataille finale de la première campagne de Dacie, on voit Trajan recevoir les suppliques des vaincus : l'un d'eux lui embrasse les genoux. Même le roi Décébale est parmi les suppliants, plus à l'écart et digne. Une victoire ailée sépare la fin du récit de la première campagne du début de la seconde, avec Trajan qui s'embarque dans le port d'Ancone. Mais les échafaudages s'arrêtent là pour le moment, et je n'ai pu voir comment cela se termine. Je vous raconterai la suite de l'histoire dès que je pourrai m'en rendre compte personnellement.

Il reste à parler du grand mystère de ce monument : une colonne si haute, entièrement recouverte de scènes minutieusement sculptées qu'on ne peut pas voir du sol.

Il est vrai qu'au Ier siècle av. J.-C. s'élevaient ici tout autour de hauts édifices à présent disparus, dont les terrasses donnaient sur la colonne; mais la distance d'où ces observateurs devaient la contempler n'était pas telle qu'elle pût permettre une « lecture » de tous les détails, et de toute manière il était impossible de suivre la continuité du récit le long de la spirale. (C'est sans doute sur des échafaudages peu différents de ceux-ci que montèrent, pour relever dessins et calques, les archéologues envoyés par les souverains d'Europe : François Ier, Louis XIV, Napoléon III, la reine Victoria. Plus aventureusement, Ranuccio Bianchi Bandinelli se fit hisser sur une échelle de pompiers. C'est à travers le résultat de ces explorations menées d'un siècle à l'autre, même si elles ont été incomplètes et discontinues, que la colonne Trajane a été connue jusqu'à présent.)

Ce n'est pas simplement le destinataire de ce message visuel si élaboré qui demeure mystérieux. On ne sait rien même du système grâce auquel furent hissés l'un sur l'autre les dix-huit « rocchi » (blocs cylindriques en marbre, creusés à l'intérieur, avec un escalier en colimaçon au centre) qui composent le fût. Et on ne sait si les « rocchi » ont été sculptés à terre, l'un après l'autre, ou seulement après avoir été montés.

Il y a encore d'autres mystères : comment se fait-il que les cendres de Trajan et de sa femme furent murées dans la base de la colonne si une loi absolue des Romains défendait d'enterrer les morts dans l'enceinte du *pomoerium*. (Les cendres recueillies dans une urne en or n'étaient pas les siennes, mais c'était tout comme : Trajan, mort à Sélinonte et brûlé là-bas, fut remplacé pour son triomphe à Rome par un mannequin de cire, qui fut brûlé ensuite avec les honneurs dus à un empereur destiné à monter au ciel.)

En revanche, les grands intérêts que comportaient les conquêtes romaines sur la mer Noire (la Dacie était riche, entre autres, de mines d'or) expliquent exhaustivement le caractère grandiose du culte rendu à Trajan (les fêtes de la célébration durèrent cent quatre-vingts jours ; les cadeaux pour chaque citoyen furent les plus importants dont on ait souvenir) et l'ensemble de monuments gigantesques autour de la tombe et du temple de l'empereur. Pour nous, demeure jusqu'à nos jours cette épopée de pierre, l'un des plus amples et parfaits récits figurés qu'on connaisse.

1981

Les timbres-poste des états d'âme

Pendant toute sa vie, Donald Evans a fabriqué des timbres-poste. Timbres imaginaires de pays imaginaires, dessinés avec des crayons ou des encres colorées et peints à l'aquarelle, mais scrupuleusement fidèles à tout ce que l'on attend d'un timbre, au point de sembler vrais à première vue. Il inventait le nom d'un pays, le nom d'une monnaie, un répertoire d'images caractéristiques, et commençait à remplir minutieusement des petits carrés ou rectangles (parfois des triangles) encadrés d'un bord blanc dentelé, par séries complètes, chaque série avec son année d'émission et le style de son époque, chaque valeur avec sa légère coloration, choisie dans la gamme des teintes habituelles pour les affranchissements postaux.

Rien qui ait à voir avec la science-fiction, ou l'utopie, ou l'extravagance : les États de son Atlas imaginaire ressemblent aux États réellement existants, devenus simplement plus familiers et maîtrisables en s'identifiant entièrement avec un nombre limité d'emblèmes rassurants. Il inventait aussi le nom de la capitale et se fabriquait un tampon circulaire pour oblitérer les timbres : ainsi, l'effet de vérité devenait toujours plus persuasif. Parfois, la composition comprenait aussi l'enveloppe, dûment tamponnée et estampillée, avec l'adresse écrite à la main dans une écriture inventée ; les noms de personnes et de lieux étaient aussi inventés, mais toujours près du vraisemblable.

La fascination pour les timbres naît toujours au cours de l'enfance : elle est provoquée par une double passion, pour l'exotisme et pour les séries. Donald Evans, Américain du New Jersey, en plus de collectionner les timbres, commence dès son enfance à en inventer des nouveaux, ce qui veut dire inventer une géographie et une histoire parallèles à celles du monde reconnu par autrui. En grandissant, Evans n'abandonne jamais tout à fait cette passion enfantine, même si, pratiquant la peinture en marge de ses études d'architecture, il la cache comme s'il en avait presque honte. Nous sommes à New York à la fin des années cinquante : l'époque de la domination incontestée de l'expressionnisme abstrait. Mais bientôt après, c'est l'avènement du pop art : voici Evans convaincu que ses premières prédilections figuratives correspondent aux orientations les plus actuelles. Le chemin s'ouvre à lui, où se lancer comme peintre à succès ; seulement, la seule chose qui l'intéresse est de vivre tranquille en faisant ce qu'il aime le plus. Pendant les années soixante-dix, il ne fait que peindre des timbres, environ quatre mille, répartis entre quarante-deux pays imaginaires, avec une exposition par an, mais en restant le moins possible à New York. Il vit presque toujours en Europe, surtout en Hollande, jusqu'à l'incendie dans lequel il perd la vie, à Amsterdam : à trente et un ans à peine. Le livre qui me l'a fait connaître est la preuve qu'un cercle d'amis et de connaisseurs rend à sa figure et à son œuvre un culte, comme à la mémoire d'un saint (*The World of Donald Evans*, text by Willy Eisenhart, New York).

La vie brève de Donald Evans (1945-1977) est minutieusement reconstruite et son œuvre minutieusement commentée par Willy Eisenhart, en introduction à quatre-vingt-cinq planches en couleurs, classées comme un album de collection, par ordre alphabétique des pays imaginaires. La collection de timbres est en même temps collection de poules, de moulins à vent, de dirigeables, de chaises, de palmiers, de papillons et de maints autres exemplaires de la faune ou de la flore (« Fauna and Flora » est d'ailleurs le nom d'un royaume fédéré qui figure on ne sait où dans la géographie evansienne, certainement dans des contrées nordiques). Evans, c'est clair, adore les classifications, les nomenclatures, les catalogues, les collections d'échantillons : et quelle forme meilleure que les séries philatéliques pour exprimer cette passion sérielle ? *Catalogue du Monde* est le titre qu'il se proposait de donner à l'ensemble de son œuvre.

D'autres pages représentent telle feuille de timbres tous identiques, non encore détachés suivant leurs lignes perforées. D'autres encore représentent des collections qui essaient de reconstituer cette feuille originaire, en alignant des timbres tous identiques mais différenciés par l'ombre noire d'un tampon et par les irrégularités de leurs contours. (Evans usait d'un soin particulier pour imiter la dentelure, ou l'absence de dentelure dans les séries qui veulent paraître plus anciennes, antérieures à l'invention de la machine perforante.) Les combinaisons plus abstraites ne manquent pas, comme les pièces du jeu dans les timbres très élégants de l'« État Domino », ou les *tartans* écossais d'« Antiqua », peints en honneur d'une amie dont la famille était originaire de par-là.

Eisenhart voit l'origine de cette fixation philatélique dans l'introversion du caractère d'Evans. Je dirais que le besoin qui le pousse est celui de tenir un journal d'états d'âme, sentiments, expériences positives, valeurs, synthétisés dans des objets emblématiques ; en même temps, la vision nostalgique de l'album de timbres invite à cultiver une intériorité devenue objective, que la conscience domine. L'ordre de la disposition sérielle, l'ironie de l'invention et de l'attribution des noms prévalent, doublés par la subtile mélancolie de paysages estompés, répétés en toutes les couleurs.

Créer des timbres, c'est pour Donald Evans une façon surtout de s'approprier les pays visités, les lieux où l'on vit : sa terre d'adoption, la Hollande, lui inspire les timbres d'« Archterdijk » (derrière la digue : sa première adresse hollandaise) et de « Nadorp » (après le village : l'adresse d'un ami), dans lesquels il exprime son amour pour les paysages plats, les moulins à vent de différentes formes, et aussi pour la langue hollandaise. Les timbres de « Barcentrum », du nom du bar qu'Evans fréquentait à Amsterdam, sont de couleurs plus vives : une belle série qui est aussi une liste des boissons par ordre de prix, dans des verres tous différents. On se rend compte petit à petit que nombre de ces noms d'États ne sont point inventés, mais indiquent des lieux, même modestes ou de peu d'importance, par où Evans est passé et auxquels il attribue les prérogatives qui reviennent aux États souverains. Ainsi, après un été sur la Costa Brava, il dessine les timbres de Cadaqués, avec une joyeuse série de légumes.

D'autres noms appartiennent à une géographie des sentiments : « Lichaam » et « Gest » (corps et âme, en hollandais) sont deux royaumes jumeaux de l'extrême Nord, qui ont en commun la monnaie (l'« ijs », c'est-à-dire la glace) et les timbres (avec des phoques et des narvals). Deux îles africaines s'appellent « Amis » et « Amants » et forment un des États issus de la décolonisation d'un ancien protectorat français, le « Royaume de Caluda ». Dans un premier temps, les nouveaux États indépendants se servent encore des tristes timbres de la vieille colonie, corrigés par des surcharges; puis les « Postes des Iles Amis et Amants » émettent une nouvelle série, avec des paysages de localités qui s'appellent « Coup de foudre », « Premières amours », « La Passade ».

Mais c'est surtout à travers la nourriture qu'Evans établit son rapport avec les pays : en saisissant, au cours de ses voyages, les saveurs et les plus caractéristiques arômes. A la suite d'un voyage en Italie, il invente un nouveau pays, « Manger », dont la monnaie se calcule en grammes et dont les timbres, extrêmement raffinés, sont un musée de légumes, de fruits et d'herbes : du petit pois, de la câpre, du pignon, de l'olive, (images en pointillé qui se détachent encadrées avec élégance), à la fleur de courgette, au romarin, au céleri, aux brocolis. L'« État du Manger » consacre une émission spéciale à la recette pour le « pesto » à la génoise, avec les ingrédients fondamentaux (basilic, pignons, fromage sec de chèvre, ail). Une autre série (datée de 1927) exalte le concombre sous forme de dirigeable. Pendant la Seconde Guerre mondiale, l'État du Manger est envahi par l'armée du Hors-d'œuvre : une surcharge désigne les timbres de la zone occupée. Dans l'après-guerre, une des régions du Manger, appelée « Pâtes », devient autonome; les « Postes Pâtes » émettent une série qui constitue un échantillonnage splendide de leurs variétés.

La nostalgie pour la mère patrie de l'Américain en

Europe se concentre elle aussi sur des visions comestibles : les fruits. Les planches suggestives consacrées à un pays appelé « My Bonnie » (« *My bonnie lies over the ocean* », dit la chanson) sont piquetées de cerises apparemment toutes égales, mais comportant chacune une gradation différente de rouge et un nom empruntés aux catalogues d'entreprises agricoles.

En somme, ce prétendu introverti n'était pas du tout un homme replié sur lui-même, mais projeté vers l'extérieur, vers les choses du monde, choisies, reconnues et nommées une à une, avec une délicatesse et une précision amoureuse. Ce qui l'intéressait le plus dans les timbres, c'était justement peut-être leur fonction célébrative : il voulait opposer aux célébrations officielles, programmées, bureaucratiques des ministères des Postes du monde entier un rituel de célébrations privées, de commémorations des moindres rencontres, de consécrations des choses uniques et irremplaçables : le basilic, un papillon, une olive. Sans l'illusion de les arracher aux flux du temps qui transforme rapidement les séries de timbres en vestiges du passé.

1981

2

La forme du temps

JAPON

La vieille dame en kimono violet

J'attends le train de Tokyo pour Kyoto. Sur le quai de la gare de Tokyo est marqué le point exact où les portières de chaque wagon se trouveront au moment de l'arrêt du train. Les places sont toutes réservées et, bien avant que le train soit arrivé, les voyageurs sont déjà à leur place, en rangs entre les lignes blanches qui délimitent autant de petites files perpendiculaires aux rails.

L'agitation, la confusion, la nervosité semblent être absentes des gares japonaises. Les voyageurs en partance se rangent comme sur un échiquier où tous les coups sont prévus d'avance. Et ceux qui arrivent sont acheminés dans des coulées de foule compacte, solide, continue, qui glissent le long des escaliers mécaniques sans place pour un désordre : des millions de personnes se déplacent chaque jour en train, entre leur maison et leur travail, sur l'étendue démesurée de Tokyo.

Dans la queue des partants, je remarque une dame âgée au riche kimono violet pâle, entourée de jeunes parents, hommes et femmes, à l'attitude respectueuse et prévenante. Les adieux de famille à la gare forment une scène d'autrefois, pour une époque qui, comme la nôtre, vit en des va-et-vient perpétuels, et pour laquelle la navette des déplacements constitue une habitude. Dans les aéroports, le rituel des adieux et des retrouvailles, qui définit le voyage comme circonstance d'exception, peut encore fournir matière à une étude éventuelle du comportement affectif dans différents pays du monde ; mais les gares de chemins de fer deviennent de plus en plus le règne de foules solitaires, où personne n'accompagne personne. Et davantage encore pour un train comme celui-ci, qui va seulement jusqu'à Kyoto, à trois heures de voyage.

Nouveau dans le pays, je suis encore dans la phase où tout ce que je vois a une valeur propre parce que je ne sais quelle valeur lui attribuer. Il suffirait que je m'arrête un peu au Japon et certes, pour moi aussi, le fait que les gens se saluent avec des révérences profondes et répétées, même à la gare, deviendrait normal ; ou le fait que beaucoup de femmes, surtout âgées, portent le kimono, avec son nœud fastueux dans le dos formant une bosse légère sous le manteau, et avancent à petits pas trottinants, leurs pieds dans des socquettes blanches. Lorsque tout aura trouvé un ordre et une place dans mon esprit, je commencerai à ne trouver plus rien digne d'intérêt, à *ne plus voir* ce que je vois. Parce que voir, cela signifie percevoir des différences, et dès que les différences s'uniformisent en un quotidien prévisible, le regard court sur une surface lisse et sans prises. Voyager ne sert pas beaucoup à comprendre (cela, je le sais depuis un bout de temps ; je n'ai pas eu besoin d'arriver en Extrême-Orient pour m'en convaincre), mais sert à réactiver pendant un instant l'usage des yeux : la lecture du monde.

La dame s'est installée dans le wagon en compagnie d'une jeune fille d'environ vingt ans, et elles échangent à présent de grandes révérences avec ceux qui sont restés sur le quai. La jeune fille est gracieuse, souriante, et porte par-dessus le kimono une sorte de tunique claire, en étoffe légère, qui pourrait être un survêtement d'intérieur, un tablier. En tout cas, la jeune fille évoque un monde d'activité ménagère, ne serait-ce que par la manière avec laquelle elle est en train d'installer un coin accueillant autour de la place de la dame : en extrayant des bagages quelques paniers, des Thermos, des livres, des revues, des bonbons, tout ce qui peut rendre le voyage confortable. Elle n'a rien d'occidental, cette jeune fille : c'est une apparition d'un autre temps (qui sait lequel?), dans sa mise, dans son expression riante, et fraîche, et légère. Chez la vieille dame, en revanche, quelques éléments occidentaux, plus précisément américains — les lunettes à monture argentée, la permanente bleutée sortant des mains du coiffeur —, en s'ajoutant au costume traditionnel, donnent la sensation précise du Japon actuel.

Dans le wagon, il y a plusieurs places libres et la jeune fille, au lieu de s'asseoir à côté de la dame, s'est placée dans la file de devant, et, penchée par-dessus le dossier, elle lui sert maintenant à manger : un sandwich dans un panier en paille. (Nourriture occidentale dans une présentation traditionnelle, cette fois-ci : le contraire de ce que l'on voit d'habitude, dans les fréquents petits repas hâtifs des Japonais : par exemple, pendant les très longs spectacles du théâtre Kabuki, les spectateurs ouvrent des enveloppes craquantes, de cellophane, et en extraient avec des baguettes des bouchées de riz blanc et de poisson cru.)

Qu'est la jeune fille pour la dame? Sa petite-fille, une servante, une dame de compagnie? Elle est toujours affairée, elle va, elle vient, elle gazouille avec beaucoup de naturel, elle revient à présent du wagon-bar avec une boisson fraîche. Et la dame? Le nez toujours hautain, on dirait que tout lui est dû. C'est dans des moments comme celui-ci que l'on sent ce qu'est la distance entre deux civilisations : ne pas savoir définir ce que l'on voit, les gestes et les comportements, ne pas savoir ce qu'il y a en eux d'ordinaire et ce qu'il y a d'individuel, ce qui est normal et ce qui est insolite. Même si demain j'essayais de demander à un Japonais qui voudrait bien m'écouter : « J'ai vu deux personnes comme ci et comme ça... qui pouvaient-elles être? Quel rapport social ou familial y a-t-il entre elles? », j'aurais quelques difficultés à faire comprendre ma curiosité, à recevoir des réponses sur le même ton; et, en tout cas, la définition d'un rôle demanderait chaque fois une explication du contexte dans lequel il s'insère, ouvrirait de nouvelles interrogations, et ainsi de suite.

Derrière la vitre défile une banlieue interminable. Je parcours les titres du *Japan Times*, quotidien de Tokyo en langue anglaise. Aujourd'hui, on fête les cinquante ans de règne de l'empereur et le gouvernement a annoncé une cérémonie solennelle. Sur l'opportunité de cette célébration, il y a eu beaucoup de polémiques; on prépare des manifestations de protestation; on craint des attentats. Depuis quelques jours déjà, à Tokyo, la police surveille tous les carrefours; les camionnettes des associations nationalistes traversent la ville pavoisée, en diffusant des hymnes martiaux.

Ce matin-là, sur le parcours du taxi entre l'hôtel et la gare, Tokyo était noir de policiers en rangées, avec boucliers et longues matraques. Sur un terrain vague, une centaine de jeunes étaient assis par terre au milieu de drapeaux rouges, sous le grondement d'un haut-parleur : certainement, un des meetings de protestation organisés dans divers quartiers.

(Impressions rapides des premiers jours à Tokyo : c'est une ville entièrement faite de rues surélevées, de sauts-de-mouton, de monorails, de nœuds routiers, de colonnes de circulation qui défilent lentement à différents niveaux, de galeries piétonnes et de passages souterrains : une métropole où tout peut arriver en même temps, comme dans des dimensions indifférentes, qui ne communiquent pas entre elles ; chaque événement est circonscrit, constitue un ordre en soi, que l'ordre environnant délimite et englobe. Dans l'air pluvieux du soir passe le cortège d'une grève, disposé en colonne au long d'un couloir, il s'arrête à un feu rouge, repart au vert, rythmé par des coups de sifflet, avec des drapeaux rouges tous identiques, précédé et suivi de noirs pelotons de policiers : comme entre parenthèses, tandis que la circulation se poursuit dans les autres couloirs. Tout le monde regarde devant soi, jamais sur le côté.)

Le *Japan Times* a interrogé une vingtaine de Japonais connus (surtout des artistes et des sportifs) sur leurs sentiments envers l'empereur, et à propos de la célébration. Quant à la célébration, nombreux sont les indifférents ou les sceptiques ; pour ce qui est de la personne et de l'institution, les opinions vont du respect inconditionnel (surtout de la part des plus âgées parmi les personnes interrogées) au souvenir chargé encore d'émotion du jour où l'on entendit pour la première fois la voix de cet être jusqu'alors invisible et inapprochable (quand il annonça à la radio la capitulation, un mois après les bombardements atomiques) et à la perplexité devant une si longue permanence sur un trône purement symbolique. (L'empereur est quelque chose de plus et de moins qu'un monarque constitutionnel : selon la Constitution, il est

« le symbole de l'État et de l'unité du peuple », mais il est dépourvu de tout pouvoir ou fonction). « Presque la moitié de ces cinquante années de règne ont été faites de guerres et d'invasions », rappelle un vieil homme de lettres, qui se déclare opposé à la célébration, tout en affirmant son respect pour la personne et pour l'institution.

(A la télévision, ce soir-là, on verra des images de la journée à Tokyo, très claires même pour qui ne comprend pas le commentaire du speaker : en quelques plans rapides, le « serpent » des manifestants qui ondulent tête basse se dénoue ; la police avance, boucliers et matraques levés ; les charges, la mêlée, une grêle de coups de pied sur quelqu'un qui gît recroquevillé par terre ; puis des séquences plus longues de quartiers en fête, d'enfants avec des fleurs, des petits drapeaux, des lanternes. Dans une grande salle, l'empereur tout petit, en habit, lit son discours en parcourant des yeux sous ses lunettes les lignes de haut en bas ; assise près de lui, l'impératrice en chapeau et vêtements clairs. Dans son discours — titre le journal le lendemain — l'empereur se déclare désolé pour les victimes de la Seconde Guerre mondiale.)

Pendant les premiers jours dans un nouveau pays, on s'efforce d'établir des liens entre toutes les choses qui nous tombent sous les yeux. Dans le train, mon attention est partagée entre la lecture des commentaires sur l'empereur et l'observation de la vieille dame impassible, servie et révérée dans ce train d'hommes d'affaires qui feuillettent sur leurs genoux des dossiers, bilans, devis, projets d'équipements et de constructions.

Au Japon les distances invisibles sont plus fortes que celles qu'on voit. A Tokyo, une rue centrale côtoie le canal qui entoure la zone verte des palais impériaux. L'engorgement ininterrompu de la circulation lèche là une ligne au-delà de laquelle tout est silence. Les grilles des jardins ne sont ouvertes à la foule que deux fois par an, mais pendant toute l'année des cohortes de pèlerins descendent de cars et s'acheminent à pied derrière le petit drapeau d'une hôtesse le long des murailles jusqu'aux grilles de la place des Deux-Ponts, où ils se font photographier en groupe. C'est ici la dernière limite à laquelle peut parvenir le commun des mortels, par les jours normaux ; plus loin, commence la résidence des souverains, en sa dimension presque ultraterrestre. Je suis allé là moi aussi, en touriste consciencieux, mais on ne voyait vraiment rien : un corps de garde, un pont à deux arcades sur le canal, parmi les saules pleureurs.

La jeune fille s'est maintenant assise à côté de la dame, et elle parle et elle rit. La dame se tait, renfrognée, ne répond pas, ne se tourne pas, regarde fixement devant elle. La fille continue à discourir, hilare, légère, comme sautant d'un sujet à l'autre, improvisant des raisons de récit et de plaisanterie, appliquant un art de la conversation sûr et discret, une règle de comportement profondément naturelle et dégagée, comme si elle exécutait des variations musicales sur un clavier. Et la vieille ? Sérieuse, muette, dure. Il n'est pas dit qu'elle n'écoute pas : mais c'est comme si elle était près d'une radio, en train de recevoir une communication qui n'implique aucune réponse de sa part.

En somme, cette vieille est épouvantablement antipathique ! C'est une égoïste orgueilleuse ! Un monstre ! Même celui qui comme moi essaie le plus possible de s'abstenir de formuler des jugements sur ce qu'il n'est pas certain de comprendre peut être sujet à de soudains mouvements de colère. Ainsi, en ce moment, je suis en moi-même furieux contre la vieille dame, qui me semble incarner quelque chose de terriblement injuste. Mais qui croit-elle être ? Et comment peut-elle prétendre mériter tant d'attention ? Mon ressentiment pour les manières hautaines de la dame grandit en même temps que mon admiration pour la grâce, la gaieté, la civilité de la jeune fille — qualités pour moi tout aussi mystérieuses —, qui me donnent la sensation d'assister à un gaspillage impardonnable.

A bien y regarder, l'état d'âme qui me travaille en ce moment est complexe et mélangé. Il y a certes un élan de révolte produit par la solidarité avec les jeunes contre l'autorité écrasante des gens âgés, avec les subordonnés contre le privilège des maîtres. Il y a, certes, tout cela. Mais il y a peut-être encore autre chose, un fond de jalousie, une rage qui me vient de ce que le rôle auquel je m'identifie en quelque sorte est celui de la vieille dame, l'envie de lui dire, les dents serrées : « Mais sais-tu, idiote, que chez nous, en Occident, il ne sera jamais plus possible à personne d'être servi comme toi tu l'es ? Sais-tu qu'en Occident aucun vieillard ne sera jamais plus traité par une jeune fille avec une pareille dévotion ? »

Ainsi donc, c'est seulement en me représentant le conflit comme surgi du dedans de moi-même que je peux espérer en pénétrer le secret, le déchiffrer. Mais en va-t-il vraiment ainsi ? Que sais-je, moi, de la vie de ce pays ? Je ne suis jamais entré dans une maison japonaise et c'est la première fois, au cours de mon voyage (ce sera aussi la dernière), qu'il m'arrive de jeter un regard sur quelque chose comme une scène de la vie domestique.

La maison japonaise traditionnelle semblerait s'ouvrir avec ses minces portes coulissantes comme des rideaux sur une scène sans secret. Au contraire, c'est ici un monde où le dedans et le dehors sont séparés par une barrière psychologique difficile à franchir. La preuve en est la représentation picturale. C'est en Occident que les peintres du XIVe siècle ont résolu une fois pour toutes le problème de la représentation des intérieurs de la façon qui nous semble aujourd'hui évidente, c'est-à-dire en abolissant une paroi et en montrant la chambre ouverte comme une scène de théâtre. Or, deux siècles auparavant, les peintres japonais du XIIe avaient trouvé un autre système, moins direct mais plus complet, pour explorer visuellement l'espace intérieur tout en respectant sa séparation d'avec le dehors : ils supprimaient le toit.

Dans les rouleaux peints qui illustrent les manuscrits de la littérature de cour raffinée de l'époque Heian, le style dit *fukinuki-yataï* (ce qui signifie justement « maison sans toit ») encadre des personnages stylisés, sans épaisseur, dans une oblique perspective géométrique de cloisons, d'encadrements de porte, de parois ne dépassant pas la hauteur des paravents, qui permet de voir ce qui arrive contemporainement dans les diverses salles.

A chaque regard qu'il m'arrive de jeter par-delà le dossier qui me sépare des deux femmes, la scène change : c'est la vieille qui parle à présent, avec mesure et patience. On dirait qu'il y a maintenant une entente parfaite entre elles deux.

Quelques jours plus tôt, je m'étais arrêté pour observer au musée de Tokyo quelques-uns des rouleaux si élégants qui illustrent le journal et le roman de l'exquise Murasaki. Maintenant, à voir la présence de la jeune fille qui lève haut son sourire et trace des lignes douces, ordonnées, avec son cou, son dos, ses bras, comme un personnage de Murasaki au milieu d'un monde dur, cet intérieur de wagon d'électrotrain m'apparaît comme une de ces maisons-sans-toit qui dévoilent, en même temps qu'elles cachent, des raccourcis de vie secrète sur un rouleau peint.

L'envers du sublime

Les feuilles des érables deviennent en novembre d'un rouge écarlate qui est la note dominante du paysage de l'automne japonais : elles se détachent alors sur le fond vert sombre des conifères et des diverses tonalités de fauve, rouille et jaune des autres feuillages. Mais les érables ne s'imposent pas à la vue par un acte d'arrogance chromatique effrontée : si l'œil est aimanté par eux comme s'il poursuivait le motif d'une musique, c'est à cause de la légèreté de leurs feuilles étoilées, comme suspendues autour de branches fines, toutes horizontales, sans épaisseur, tendant à s'étendre sans toutefois encombrer la transparence de l'air.

Les feuilles du ginkgo sont au contraire jaunes, du jaune le plus vif et le plus lumineux ; elles tombent en pluie de très hautes branches, comme des pétales de fleurs : infinité de petites feuilles en forme d'éventail, pluie légère et continue qui pigmente de jaune la surface du petit lac.

Le guide est en train d'expliquer en japonais à un groupe de visiteurs l'histoire du palais Sento, bâti au XVIIe siècle pour accueillir les ex-empereurs, à une époque où les abdications, volontaires ou forcées, étaient fréquentes, tout le pouvoir étant aux mains des généraux. Les villas impériales de Kyoto ne peuvent être visitées qu'avec un permis spécial, qui doit être demandé par écrit. L'attente de l'autorisation peut être de quelques jours pour les étrangers de passage, mais elle dure six mois au moins pour les Japonais, et avoir visité ces lieux célèbres de leur histoire est une chance qui n'est pas donnée à tous. Le candidat à la visite est convoqué pour une certaine date, il est affecté à un groupe qui sera guidé par un cicérone selon l'itinéraire prescrit, avec arrêt aux endroits fixés pour les explications en japonais ou en anglais, suivant la composition du groupe. Je connais trop peu l'histoire dynastique du Japon pour profiter des discours du guide; je m'attends à tirer plus de profit des moments d'attente, des petits détours hors de l'itinéraire du groupe, des personnages et des détails sur lesquels je tombe par hasard.

Passe une vieille femme habillée de violet, toute petite, les cheveux coupés ras, certainement une nonne; elle est recroquevillée, presque pliée en deux. Nombreuses sont au Japon les vieilles voûtées et tordues, comme en vertu d'une parenté avec les arbres nains cultivés en vase selon l'art ancien du *bonzaï*.

Même la forme des grands arbres est le résultat d'une taille savante. Voici deux jardiniers qui taillent des pins, montés sur de petites échelles en forme de triangle à poteau de soutien en bambou. Il paraît qu'ils plument avec leurs doigts la pointe de chaque branche, ne laissant qu'une houpette horizontale, de telle sorte que la chevelure s'étale en parasol.

La plupart des jardiniers sont des femmes : une équipe d'entre elles avance sur le sentier. Elles sont habillées de ce qui doit être la tenue de travail traditionnelle : pantalons bleus, blouse grise, foulard sur la tête. De petite taille sous de grands ballots de feuilles sèches ou des paniers de branches, armées de râteaux et de serpes, on ne saisit pas si elles sont jeunes ou vieilles, mais elles se révèlent déjà noueuses et tordues comme par une adaptation au milieu.

Il y a quelque chose que j'ai l'impression de commencer à comprendre ici, à Kyoto : à travers les jardins, plus qu'à travers les temples et les palais. La construction d'une nature maîtrisable par l'esprit, pour que l'esprit puisse à son tour recevoir rythme et proportion de la nature : c'est ainsi que l'on pourrait définir l'intention qui a conduit à composer ces jardins. Tout ici doit sembler spontané, c'est pourquoi tout est calculé : les rapports de couleurs des feuilles pendant les diverses saisons, le jeu des masses de végétation selon leur temps différent de croissance, les irrégularités harmonieuses, les sentiers qui montent et descendent, les pièces d'eau, les ponts.

Les petits lacs sont un élément du jardin non moins important que la végétation. Il y en a deux habituellement, le premier d'eau qui coule, l'autre d'eau stagnante, et ils déterminent deux paysages différents, accordés à des états d'âme différents. Le jardin Sento a lui aussi deux cascades : l'une mâle et l'autre femelle (Odaki et Medaki), la première à pic parmi des rochers, la seconde qui murmure en sautillant parmi des marches de pierre dans une crevasse du pré.

Les prés ne sont pas faits d'herbe, mais de mousse. Il y a une mousse qui pousse sous forme de véritables petites plantes hautes de quelques centimètres ; on l'appelle en japonais mousse-cèdre, parce que ces petites plantes ressemblent à de minuscules conifères. (Il existe un temple à Kyoto dont le jardin est entièrement couvert de mousse :

on y compte cent espèces de mousse différentes ; ou du moins trente, selon des classifications plus rigoureuses. Mais, à travers ce temple de la mousse, on entre dans un monde d'esprit différent : comme dans un parc du Nord imbibé de pluie. En fait, toute caractérisation trop extrême nous éloigne de l'esprit véritable du jardin japonais, où jamais un élément ne l'emporte sur un autre.)

Chaque aspect du jardin vise à provoquer l'admiration, mais par les moyens les plus simples : toutes les plantes sont familières, aucune ne recherche des effets sensationnels. Les fleurs sont presque absentes ; quelques camélias blancs et rouges ; comme c'est l'automne, les couleurs sont données par les feuilles ; même les arbustes à fleurs sont absents ; ce qui fleurira au printemps, ce sont les arbres fruitiers.

Reliefs, rochers et pentes démultiplient les paysages. Des groupes de plantes sont disposés suivant leurs proportions réciproques, de manière à créer une illusion de perspective : des arbres qui semblent en toile de fond, au lointain, sont au contraire à deux pas ; des perspectives qui montent ou descendent suggèrent des espaces inexistants. La passion japonaise pour le petit qui donne l'illusion du grand s'exprime aussi dans la composition du paysage.

Un étudiant japonais, passionné de poésie et lui-même poète, m'accompagne dans ma visite à Kyoto : il lit très bien l'italien et il le parle un peu aussi. Mais la conversation est difficile parce que nous voudrions tous les deux dire des choses soit très précises, soit très nuancées, et nous n'arrivons au contraire qu'à échanger des phrases soit trop générales, soit péremptoires.

Le jeune homme explique que ces lieux, avant d'être fréquentés par des empereurs, le furent par de célèbres poètes, évoqués maintenant par des pierres et de petits temples parmi les arbres. En suivant le fil de mes réflexions, il me vient à l'esprit que poésies et jardins, ici, s'engendrent réciproquement les uns les autres : les jardins furent composés comme illustrations à des poésies et les poésies comme un commentaire aux jardins. Mais je pense cela plus par amour de la symétrie raisonnante que parce que j'en suis vraiment convaincu : c'est que je trouve tout à fait plausible qu'on puisse réaliser à travers telle disposition des arbres l'équivalent d'un poème, mais ai le soupçon que, pour écrire un poème sur les arbres, les vrais arbres ne servent que peu, ou pas du tout.

Là, au-dessus des arbres rouges, rouille et jaunes, au-delà du petit lac, on voit dépasser les branches nues d'un arbre unique qui a perdu ses feuilles. Dans ce flamboiement de couleurs, ces branches noires et desséchées font un contraste funèbre. Un vol d'oiseaux passe : parmi tous les arbres alentour, ils piquent droit sur l'arbre dépouillé, descendent vers ses branches, se posent là un par un, noirs contre le ciel, pour jouir du soleil de novembre.

Je pense : voici que le paysage m'a dicté le thème d'une poésie ; si je connaissais le japonais, il suffirait que je décrive cette scène en trois vers de dix-sept syllabes en tout, et j'aurais écrit un *haïkou*. J'essaie de communiquer cette idée au jeune poète. Il ne semble pas convaincu. C'est la preuve que les *haïkaï* se composent d'une autre façon. Ou que ce n'a pas de sens de s'attendre qu'un paysage vous dicte des poèmes, parce qu'un poème est fait d'idées, de paroles et de syllabes, alors qu'un paysage est fait de feuilles, de couleurs et de lumière.

Les salles du palais impérial ont été détruites et reconstruites à plusieurs reprises, au cours des dix siècles pendant lesquels la Cour a résidé ici à Kyoto ; on les voit de l'extérieur à travers leurs portes à coulisse, ouvertes : comme une scène de théâtre. Une natte plus haute que les autres sur le sol marque la place réservée à l'empereur. La maison japonaise, et comme elle le palais royal, est une suite de salles vides et de couloirs, avec des nattes au lieu de meubles, sans chaises ni lits ni tables, où l'on ne demeure jamais debout ni assis, mais seulement accroupi ou agenouillé, avec quelques objets posés par terre ou sur de petits escabeaux, ou dans des niches : un vase où plongent quelques branches, une théière, un paravent peint.

Toute trace de ce qu'est vivre semble éloignée de ce modèle de maison, ainsi que cette lourdeur des existences qui se matérialise dans nos meubles, et imprègne toute atmosphère occidentale. En visitant les palais de la cour de Kyoto ou ceux des grands feudataires, on se demande si cet idéal esthétique et moral du dépouillé et du sobre ne fut pas réalisable uniquement au faîte de l'autorité et de la richesse et ne suppose pas d'autres maisons encombrées de personnes, instruments, fanfreluches et déchets, avec une odeur de friture, de transpiration, de sommeil : des maisons chargées de mauvaise humeur, d'imprécations, de hâte, où l'on écossait les petits pois, coupait le poisson, reprisait les chaussettes, lavait les draps, vidait les vases de nuit.

Ces villas de Kyoto, qu'elles aient été habitées par des souverains régnants ou écartés du pouvoir, communiquent l'idée qu'il est possible de vivre en un monde à part de ce qu'est le monde, à l'abri de l'histoire catastrophique et incongrue, un lieu qui reflète le paysage mental du sage, délivré de toute passion et névrose.

En passant par le pont des Six-Dalles, fait de six dalles en pierre recourbées, et avançant sur un sentier entre les feuilles bigarrées de bambous nains, j'essaie de m'identifier à l'un des ex-empereurs d'un royaume livré à l'arbitraire et aux dévastations de feudataires sans loi : résigné peut-être de bon gré à se concentrer sur l'unique opération qui lui reste possible, celle de contempler et de conserver l'image de ce que le monde devrait être.

En suivant ces pensées, je me suis éloigné du groupe des visiteurs, lorsque un gardien muni d'un talkie-walkie sort d'une haie et me renvoie dans les rangs. Il n'est pas permis de se promener tout seul dans le jardin. Perdu dans l'essaim des touristes, qui égrènent l'objectif de leurs appareils photo sur chaque vue panoramique, je n'arrive plus à créer la distance nécessaire pour la contemplation. Le jardin devient un calligramme indéchiffrable.

— Vous aimez tout cela? demande l'étudiant. Moi, je ne peux m'empêcher de songer à ce que cette perfection et cette harmonie ont coûté de misère pour des millions de personnes, pendant des siècles.

— Est-ce que cela n'est pas toujours le prix de la culture ? objecté-je.

Se créer un espace et un temps pour réfléchir, imaginer, et étudier, présuppose une accumulation de richesse, et derrière toute accumulation de richesse il y a des vies obscures soumises à la fatigue, aux sacrifices et aux oppressions sans espoir. Tout projet ou image permettant de tendre vers une autre façon d'être, hors de l'injustice qui nous entoure, est marqué par l'injustice sans laquelle il n'aurait pas été conçu.

« C'est à nous de voir ce jardin comme l'*espace d'une autre histoire*, né du désir que l'histoire réponde à d'autres règles, dis-je (en me souvenant d'avoir lu récemment une introduction d'Andrea Zanzotto où cette idée est appliquée au *Canzoniere* de Pétrarque) : comme la proposition d'un espace et d'un temps différents, la démonstration que la domination totale par le bruit et la fureur peut être mise en question...

Le groupe est arrivé près d'une grève de galets polis, arrondis, gris clair et gris foncé, qui se continue sous l'eau verte du petit lac, comme jouissant de sa transparence.

— Ces galets, explique le guide, ont été apportés ici il y a trois siècles de toutes les régions du Japon. L'empereur récompensait d'un sac de riz tous ceux qui lui apportaient un sac de galets.

L'étudiant secoue la tête et rumine sa colère. On a l'impression de voir, évoquée par ces paroles, la file des paysans courbés sous des sacs de pierres, qui serpente à travers petits ponts et allées. Ils déposent leur charge transportée de régions lointaines devant l'empereur qui observe, un par un, les galets, en dispose un sous l'eau, un autre sur la partie haute du bord du lac, en écarte plusieurs. Entre-temps, les intendants s'affairent autour des balances : sur un plat les galets, sur l'autre le riz...

Le temple de bois

Au Japon, ce qui est un produit de l'art ne cache ni ne corrige l'aspect naturel des éléments dont il est formé. Voilà une constante de l'esprit nippon que les jardins aident à comprendre. Dans les édifices et dans les objets traditionnels, les matériaux dont ils sont faits sont toujours reconnaissables; dans la cuisine également. La cuisine japonaise est une composition d'éléments naturels qui entend avant tout réaliser une forme visuelle, et, quand ces éléments arrivent sur la table, ils conservent en grande partie leur aspect d'origine, ils n'ont pas subi les métamorphoses de la cuisine occidentale, pour laquelle un plat est d'autant plus une œuvre d'art que ses ingrédients sont méconnaissables.

Dans le jardin, les divers éléments sont rassemblés selon des critères d'harmonie et de sens, comme font les paroles dans une poésie. Avec la différence que ces paroles végétales changent de couleur et de forme au cours de l'année, et encore plus avec les années qui passent : changements calculés en tout ou en partie au moment où fut projetée la poésie-jardin. Puis les plantes meurent et sont remplacées par d'autres semblables, disposées aux mêmes endroits : le jardin, les siècles passant, est continuellement refait, et reste toujours le même.

C'est là une autre constante mise en évidence par les

jardins : l'antiquité, au Japon, n'a pas sa substance idéale dans la pierre, comme en Occident, où un objet, un édifice ne sont considérés comme anciens que s'ils se conservent matériellement. Nous sommes, ici, dans l'univers du bois : l'ancien est ce dont se perpétue le dessin à travers la destruction et le renouvellement continus d'éléments périssables. Cela est valable tant pour les jardins que pour les temples, les palais, les villas et les pavillons, tous en bois, tous plusieurs fois dévorés par les flammes des incendies, plusieurs fois moisis et pourris, ou bien réduits en poussière par les vers, et recomposés chaque fois pièce à pièce : les toits, en couches d'écorce de cyprès pressée qui sont refaits tous les soixante ans, les troncs servant aux piliers et charpentes, les parois de planches, les plafonds de bambou, les sols recouverts de nattes (les immanquables *tatami*, unités de mesure pour la surface des intérieurs).

Dans la visite aux édifices multiséculaires de Kyoto, le guide signale au bout de combien d'années on pourvoit au remplacement d'un morceau ou d'un autre de la construction : la caducité des parties met en relief l'ancienneté de l'ensemble. Surgissent et tombent les dynasties, les vies humaines, les fibres des troncs ; ce qui persiste, c'est la forme idéale de l'édifice, peu importe si chaque morceau de son support matériel a été enlevé et changé d'innombrables fois, et si les plus récents sentent le bois à peine raboté. Ainsi le jardin continue d'être le jardin dessiné il y a cinq cents ans par un architecte-poète, même si chaque plante suit le cours des saisons, des pluies, du gel, du vent ; ainsi les vers d'un poème se transmettent au long du temps, tandis que le papier des pages sur lesquelles ils ont été au fur et à mesure transcrits tombe en poussière.

Le temple de bois marque le croisement entre deux dimensions du temps : mais, pour arriver à le saisir, nous devons éloigner de notre esprit des mots comme « être » et « devenir » : si tout devait se réduire au langage de la philosophie du monde dont nous sommes partis, il ne valait pas la peine de faire autant de chemin. Ce que le temple de bois peut nous apprendre, c'est ceci : pour entrer dans la dimension du temps continu, unique, infini, la seule voie est celle qui passe à travers son contraire, la perpétuité du végétal, le temps fragmenté et plural de ce qui se succède, se dissémine, germe, se dessèche ou pourrit.

Plus que par les temples bourrés de statues, à la grande structure de pagode, je suis attiré par les constructions basses et les intérieurs garnis uniquement de nattes : ils correspondent d'habitude à des édifices profanes, villas ou pavillons, mais aussi, dans certains cas, à des temples ou des sanctuaires qui invitent à une méditation abstraite, à une concentration désincarnée. C'est le cas du temple appelé pavillon d'Argent, souple construction de bois à deux étages, sur le bord d'un petit lac, avec une seule statue (la Kannon, incarnation féminine du Bouddha) dans une pièce destinée à la méditation zen, appelée salle du Videment de l'âme. C'est le cas aussi du temple Manjou-in, dont un visiteur incompétent comme moi jurerait qu'il est zen, alors qu'il ne l'est pas : un temple qui semble être une villa, aux nombreuses salles basses presque vides, juste des *tatami*, les vases de l'*ikébana* (qui présentent en cette saison des branches de pin avec des camélias, des strelitzias avec des camélias, ou d'autres combinaisons encore d'automne), quelques statues discrètes, et plusieurs petits jardins tout autour.

Le temple de bois touche d'autant mieux à la perfection que l'espace dans lequel il nous accueille est plus dépouillé et sobre : la matière dans laquelle il est bâti, la facilité avec laquelle on peut le défaire puis le refaire à l'identique suffisent pour démontrer que tous les éléments de l'univers peuvent tomber l'un après l'autre, mais que quelque chose reste malgré tout.

Les mille jardins

Un sentier dallé en pierres irrégulières serpente à travers toute l'étendue de la villa impériale de Katsura. A la différence d'autres jardins de Kyoto, faits pour la contemplation immobile, ici on parvient à l'harmonie intérieure en suivant pas à pas le sentier et en passant en revue les images qui se présentent ainsi à la vue. Si, ailleurs, le sentier n'est qu'un moyen et si ce sont les lieux où il mène qui parlent à l'esprit, ici c'est le parcours qui constitue la raison essentielle du jardin, le fil de son discours, la phrase qui donne signification à chacun de ses mots.

Mais quelles significations ? Le sentier, en deçà de la grille, est fait de dalles lisses et, au-delà, de cailloux grossiers : est-ce le contraste entre civilisation et nature ? Là, le sentier bifurque pour donner un bras rectiligne et un bras sinueux ; le premier se bloque sur un point mort, le second va de l'avant : est-ce une leçon sur la façon de se mouvoir en ce monde ? Toute interprétation nous laisse insatisfaits ; s'il y a un message, c'est celui qu'on saisit dans les sensations et les choses, sans les traduire en mots.

Les pierres qui affleurent au milieu de la mousse sont plates, détachées les unes des autres, disposées à la juste distance pour que celui qui marche en trouve toujours une sous son pied, à chaque pas ; et c'est bien parce qu'elles obéissent à la mesure du pas que les pierres commandent les mouvements de l'homme en marche, l'obligent à suivre une allure uniforme et tranquille, le guident dans son chemin et ses arrêts.

Chaque pierre correspond à un pas, et à chaque pas correspond un paysage étudié dans tous ses détails, comme un tableau ; le jardin a été disposé de telle sorte que, d'un pas à l'autre, le regard rencontre des perspectives différentes, une harmonie diverse dans les distances qui séparent le buisson, la lampe, l'érable, le pont recourbé, le ruisseau. Le long du parcours, le décor change complètement plusieurs fois, du feuillage touffu jusqu'à la clairière parsemée de rocs, du petit lac à cascade jusqu'au petit lac aux eaux mortes ; et chaque décor, à son tour, se décompose au gré des raccourcis qui prennent forme dès qu'on se déplace : le jardin se démultiplie en innombrables jardins.

L'esprit humain possède un dispositif mystérieux, capable de nous convaincre que cette pierre-là est toujours la même, quoique son image — pour peu qu'on ait déplacé le regard — ait changé de forme, de dimensions, de couleur, de contours. Chaque fragment singulier, limité, de l'univers se disloque en une multiplicité infinie : il suffit de tourner autour de cette petite lampe de pierre pour qu'elle se transforme en une infinité de lampes de pierre ; ce polyèdre transpercé, maculé de lichens, se multiplie par deux, par quatre, par six, devient un objet complètement différent, suivant le côté qui se présente sous notre regard, selon que nous l'approchons ou nous éloignons.

Les métamorphoses que l'espace engendre s'ajoutent

à celles engendrées par le temps : le jardin — chacun des jardins en nombre infini — change avec les heures, les saisons, les nuages dans le ciel, qui passent. Les empereurs qui imaginèrent Katsura disposèrent des plates-formes en cannes de bambou d'où assister en avril à la floraison des fleurs de pêcher, ou au rougissement des feuilles d'érable en novembre, bâtirent quatre pavillons pour le thé, un par saison, qui donnent chacun sur un paysage idéal à ce moment de l'année; pour chaque paysage idéal d'une saison, il existe une heure du jour ou de la nuit qui constitue son moment idéal. Mais il y a quatre saisons, et entre midi et minuit les heures tournent. Le temps par ses retours éloigne de lui l'idée de l'infini : c'est un calendrier de moments exemplaires, qui se répètent cycliquement et que le jardin essaie de fixer en un certain nombre de lieux.

Et l'espace? S'il existe une correspondance entre les points de vue et les pas, si chaque fois qu'on avance le pied droit ou gauche sur une pierre après l'autre s'ouvre une perspective établie par qui imagina le jardin, alors l'infinité des points de vue se resserre en un nombre fini de vues, chacune détachée de celle qui précède et de celle qui suit, caractérisée par des éléments qui la distinguent de tout autre : une série de modèles précis qui répondent chacun à une nécessité et à une intention. Voilà ce qu'est le sentier : un dispositif pour multiplier le jardin, certes, mais aussi pour le soustraire au vertige de l'infini : les pierres lisses qui composent le sentier de la villa de Katsura sont au nombre de 1716 — ce chiffre, que j'ai trouvé dans un livre, me semble vraisemblable, en comptant deux pierres par demi-mètre, pour une longueur globale d'un demi-mille; le jardin, on le parcourt donc en 1716 pas et on le contemple de 1 716 points de vue. Il n'y a aucune raison pour qu'on se laisse saisir par l'angoisse : ce bouquet de bambous, on peut le voir à partir d'un certain nombre de perspectives différentes, ni plus, ni moins, en faisant varier le clair-obscur entre des troncs tantôt plus espacés tantôt plus serrés, en éprouvant à chaque pas des sensations et des sentiments distincts, une multiplicité qu'il me semble à présent pouvoir maîtriser sans en être accablé.

Le fait de marcher présuppose que, à chaque pas, le monde change en quelques-uns de ses aspects et que quelque chose aussi change en nous. C'est la raison pour laquelle les anciens maîtres de la cérémonie du thé décidèrent que, pour arriver au pavillon où sera servi le thé, l'invité devra parcourir un sentier, s'arrêter sur un banc, regarder les arbres, traverser une grille, se laver les mains au-dessus d'un bassin creusé dans le rocher, suivre le chemin tracé par les pierres lisses jusqu'à la simple cabane qui forme le pavillon du thé, à sa porte très basse, où tous doivent se pencher pour entrer. Dans la salle, il n'y a que des nattes à même le sol, un escabeau avec des tasses et une théière d'excellente facture, une niche dans la paroi — le *tokonoma* — où l'on expose quelque objet exquis, ou un vase d'où montent deux branches en fleur, ou une peinture, ou une feuille de papier sur laquelle des calligrammes ont été tracés à la main. C'est en limitant le nombre des choses autour de nous que nous nous préparons à accueillir l'idée d'un monde infiniment plus grand. L'univers est un équilibre de pleins et de vides. Paroles et gestes, en versant le thé moussant, doivent être entourés d'espace et de silence, en même temps que d'un sentiment du recueillement, de la limite.

L'art du plus grand maître de la cérémonie du thé, Sen-no Rikyu (1512-1591), inspirée toujours par la plus grande simplicité, s'exprima aussi dans la réalisation de projets de jardins autour des maisons de thé et des temples. Les événements intérieurs se présentent à la conscience à travers des mouvements physiques, des gestes, des parcours, des sensations inattendues.

Un temple, près d'Osaka, avait une vue merveilleuse sur la mer. Rikyu fit planter deux haies qui cachaient complètement le paysage, et fit placer près d'elles une petite vasque de pierre. C'est seulement quand un visiteur se penchait sur la vasque pour prendre de l'eau dans le creux de ses mains que son regard rencontrait l'ouverture oblique entre les deux haies : alors, la vue de la mer infinie s'ouvrait devant lui.

L'idée de Rikyu était probablement celle-ci : en se penchant sur la vasque et en voyant sa propre image rapetissée dans cette pièce d'eau limitée, l'homme considérait sa petitesse ; puis, à peine soulevait-il le visage pour boire au creux de sa main, l'éclat de l'immensité marine le saisissait et lui faisait prendre conscience de n'être rien qu'une part de l'univers infini. Mais ce sont des choses qui se gâchent quand on les explique trop : à ceux qui l'interrogeaient sur le pourquoi de la haie, Rikyu se limitait à réciter les vers du poète Sogi :

Ici, un peu d'eau.
Là-bas entre les arbres
La mer !

Umi sukoschi
Niwa ni izumi no
Ko no ma ka na.

La lune court derrière la lune

Il y a dans les jardins zen de Kyoto un sable blanc à gros grains, presque un gravier, qui a la propriété de refléter les rayons de la lune. Au temple Ryoan-ji, ce sable, râtelé par les moines en sillons droits parallèles ou en cercles concentriques, forme un petit jardin autour de cinq groupes irréguliers de roches basses. Au temple du pavillon d'Argent, au contraire, le sable est disposé en une petite montagne arrondie, isolée, en tronc de cône, avant de s'élargir en une étendue râtelée en vagues régulières. Plus loin, s'étend un jardin mouvementé d'arbustes et d'arbres, autour d'un petit lac à l'aspect sauvage. Par les nuits de pleine lune, le scintillement argenté du sable éclaire le jardin entier. Je n'ai visité le pavillon d'Argent que pendant le jour, et par temps de pluie; mais ce gravier blanc menu trempé d'eau semblait rendre la lumière de la lune qu'il avait emmagasinée; une sorte de ressemblance spéculaire avec la source d'où cette lumière leur était venue semblait gardée par ces formes affleurant dans la blancheur, par ce volcan imbibé comme une éponge, sous la trajectoire des gouttes qui descendaient droites comme des rayons de lune, sur les tracés droits qu'un moine redessine chaque matin au râteau.

L'amour pour la lune se dédouble souvent en amour pour son reflet, afin peut-être de souligner dans cette lumière réfléchie une vocation pour les jeux de miroirs. Parmi les quatre maisons de thé de la villa Katsura, à Kyoto, du XVIe siècle, celle d'automne est située de manière qu'on voie la lune au moment où elle surgit et qu'on puisse jouir de son reflet sur le petit lac.

Cette fascination du dédoublement, et celui de l'image lunaire justement, est sans doute à l'origine d'un poème dû à un étrange auteur de la première avant-garde du XXe siècle japonais, Tarufo Imagachi. Même dans une traduction littérale, ce poème nous transmet l'intuition (comme dans un reflet, justement) de quelque chose de son élan fantastique. Il s'intitule « La lune dans la poche ».

« Un soir, la lune marche dans la rue en se portant elle-même dans sa poche. Sur une pente, une de ses chaussures s'est dénouée. La lune se baisse pour lacer sa chaussure, et de sa poche la lune tombe, et rapide se met à rouler sur la rue goudronnée, mouillée par la pluie soudaine. La lune court derrière la lune, mais l'écart grandit : c'est l'accélération de la pesanteur de la lune qui roule. Et au bas de la pente, la lune s'égare elle-même dans le brouillard bleu. »

L'épée et les feuilles

Au musée national de Tokyo, il y a une exposition d'armes et armures de l'ancien Japon. La première impression est que les casques, cuirasses, boucliers, espadons avaient comme but premier non point de défendre ou de frapper mais d'épouvanter, d'imposer à l'adversaire une image terrifiante.

Les masques de guerre se tordent en grimaces cruelles et menaçantes sous des casques surmontés de cornes, nageoires, ailes farouches, par-dessus de somptueuses cuirasses qui enflent le thorax, tout orné de nœuds et de pointes.

Celui qui, comme moi, éprouve, en fréquentant les salles d'armes de la Renaissance en Occident, le joyeux détachement épique d'un lecteur de poèmes chevaleresques (la grande chevauchée dans la salle des armes au Metropolitan Museum de New York est pour moi une des merveilles du monde) pense ici pour la première fois à ces objets non comme à des jouets excentriques, mais du point de vue du message qu'ils voulaient transmettre *en situation*, c'est-à-dire comme on regarderait aujourd'hui un char armé sur un champ de bataille. Ma réaction est immédiate : je m'enfuis.

Je parcours des salles pleines de vitrines où sont exposées les lames d'épées nues, et surtout celles de sabres recourbés, en fer trempé et poli, très affûtées, sans poignée, chacune placée sur un napperon blanc. Des lames et des lames et des lames qui me semblent, à moi, toute identiques, et qui sont pourtant accompagnées chacune d'une étiquette portant une longue légende. Des groupes de gens font halte devant chaque vitrine, observant une épée après l'autre avec des yeux attentifs, éblouis.

La plupart sont des hommes ; mais c'est dimanche, le musée est bondé de familles ; il y a même des petites bonnes femmes et des enfants pour contempler les épées. Que voient-ils dans ces coutelas dégainés ? Qu'est-ce qui les fascine ? Ma visite à l'exposition se déroule presque au pas de course ; le scintillement de l'acier transmet une sensation plus auditive que visuelle, comme autant de sifflements rapides et coupants dans l'air. Les drapures blanches m'inspirent une horreur chirurgicale.

Et pourtant, je sais bien que l'art de l'épée est au Japon une ancienne discipline spirituelle ; j'ai lu les livres sur le bouddhisme zen du Dr Suzuki ; je me souviens que le parfait samuraï ne doit jamais arrêter son attention ni sur l'épée de l'adversaire, ni sur la sienne, ni sur l'acte de frapper ou de se défendre, mais seulement annuler son propre moi ; qu'on gagne non pas avec l'épée mais avec la non-épée ; que les maîtres forgeurs d'épées parviennent à l'excellence de leur art à travers l'ascèse religieuse. Je sais bien tout cela : mais c'est une chose que de le lire dans les livres, une autre que de le comprendre dans la vie.

Quelques jours plus tard, me voilà à Kyoto : je me promène à travers ces jardins qui furent parcourus par d'exquis poètes, des empereurs philosophes, des moines ermites. Parmi les petits ponts recourbés sur les ruisseaux, les saules pleureurs qui se reflètent dans les étangs, les prés de mousse, les érables aux feuilles rouges en forme d'étoile, voilà que me reviennent à l'esprit les masques guerriers aux épouvantables grimaces, la menace de ces guerriers gigantesques, le fil coupant de ces lames.

En regardant les feuilles jaunes tomber dans l'eau je me souviens d'un apologue zen que je crois comprendre seulement maintenant.

L'élève d'un célèbre forgeron d'épées prétendait avoir dépassé son maître. Afin de prouver combien ses lames étaient effilées, il plongea une épée dans un ruisseau. Les feuilles mortes portées par le courant, en passant sur le fil de l'épée, étaient coupées net, en deux. Le maître, alors, plongea dans le ruisseau une épée qu'il avait forgée. Les feuilles couraient au loin, évitant sa lame.

Les flippers de la solitude

L'inscription *Pachinko* en caractères latins indique à Tokyo, et dans chaque ville du Japon, les salles de flippers ou billards électriques, lesquels se distinguent des américains et des européens parce qu'ils sont verticaux, disposés en file, l'un attaché à l'autre, et qu'on y joue assis.

A en juger par le nombre des locaux et par l'affluence du public à toutes les heures, on dirait que le *pachinko* est aujourd'hui la grande passion japonaise. Les salles sont décorées aux couleurs de l'arc-en-ciel, à l'intérieur et à l'extérieur, éclairées par des tubes au néon et de petites lampes colorées qui s'allument et s'éteignent. Les musiques diffusées par les haut-parleurs sont en accord avec ce faste visuel. Mais, n'était l'agressivité chromatique et acoustique, on ne s'apercevrait pas qu'il s'agit d'un local d'amusement, à voir ces files de personnes assises sur des escabeaux, chacune face à sa petite vitrine verticale comme à un poste de travail, les yeux fixés sur le déclic de l'engin étincelant, manœuvrant des boutons avec des gestes d'automate. L'impression est celle que ferait un atelier d'usine, ou un bureau monté en dispositifs électroniques, à l'heure de sa plus grande activité.

Chez nous, les flippers des bars ainsi que ceux des salles spécialisées sont entourés presque toujours par des groupes de jeunes, terrain propice aux défis, paris et railleries réciproques. L'impression est ici celle d'une solitude bondée : personne ne semble connaître personne, chacun est absorbé dans son jeu, regarde fixement à l'intérieur de son labyrinthe jaillissant et ignore son voisin de droite comme celui de gauche ; chacun est comme emmuré dans un invisible cachot, isolé dans son obsession ou sa condamnation.

Des *pachinko*, il y en a un peu partout, dans les divers centres de la polycentrique ville de Tokyo, comme dans ses diverses banlieues, mais surtout dans les quartiers de vie nocturne. Au milieu des night-clubs, des pizzerias aux couleurs italiennes, des strip-tease, des bars, de la *poruno-shop* (le mot *porno* est ici adapté à la prononciation japonaise), de l'odeur d'anguille crue ou frite dans de l'huile de soja, au cœur de ce monde bruyant, les *pachinko* s'ouvrent comme les jardins métalliques d'une concentration absorbée de l'individu.

Ceux qui les fréquentent sont pour la plupart des hommes, de tout âge ; mais le matin, quand les enseignes des quartiers de divertissement se sont éteintes, seuls les arcs-en-ciel des *pachinko* restent éclairés et un nouveau public s'empare des flippers : les braves ménagères avec leurs sacs à provision. Des femmes d'âge moyen ou des petites vieilles, surtout, portant des kimonos aux couleurs changeantes, avec de gros nœuds dans le dos, et des sabots sur leurs chaussettes blanches, s'assoient devant les petites machines, posent à leur côté le panier d'où dépassent céleris et patates douces, et rapides toutes, comme si elles manœuvraient une machine à coudre ou un métier électrique, consacrent aux rebondissements des billes une attention tranquille et satisfaite.

La vie nocturne de Tokyo s'étale sur plusieurs quartiers ; Ginza, Shibuya, Shinjuku, du plus élégant au plus populaire. On dirait presque qu'une moitié de la métropole n'a d'autre but que d'amuser l'autre moitié.

Les restaurants où l'on mange du crabe sont surmontés par des enseignes qui pourraient être vues comme d'extraordinaires œuvres du pop art : un crabe gigantesque, qui occupe toute la façade, remue ses pattes et ses pinces avec leurs articulations au complet et soulève rythmiquement ses yeux protubérants. Mais les façades les plus fastueuses sont celles des cafés, considérés comme le *nec plus ultra* de l'occidentalité. Et qu'y a-t-il de plus occidental qu'un château anglais ? Voici donc que les cafés — habituellement à deux ou plusieurs étages — ont en façade la représentation d'un manoir médiéval, avec des noms qui, pour créer une atmosphère anglaise, cèdent à la redondance, tel que « The Mansion House ».

Le miracle dont tout le monde parle à Tokyo, et dont on n'arrête pas de s'étonner, est que cette métropole surpeuplée ait un pourcentage minime de délinquance, que la violence y soit rare, et que les femmes puissent sortir seules à n'importe quelle heure, même dans ces quartiers-là, sans être importunées (sauf par quelque ivrogne).

Il est vrai que la vie nocturne s'arrête tôt ; à minuit, tous les locaux ferment parce que ainsi le prescrit la loi de ce pays qui a toujours pratiqué l'austérité. (Ne restent ouverts que les locaux classés « clubs privés », c'est-à-dire très chers.) Le problème des transports fait le reste. A dix heures du soir, déjà, les locaux se vident, night-clubs et pizzerias, cinémas et *pachinko*, parce qu'une grande partie du public habite dans des faubourgs lointains, à deux heures de voyage à faire, et ne doit pas rater le dernier métro ou le dernier train : il faut aller dormir à temps pour affronter le lendemain dès l'aube deux autres heures de train qui ramèneront travailler.

Éros et discontinuité

Quelques réflexions sur les gravures érotiques japonaises. La figure humaine y est formée de trois éléments bien distincts :

1) les visages, concentrés, plongés dans une sorte de regard intérieur ;

2) les corps, dont les contours sont tracés en lignes larges et nettes, et les surfaces sans couleur évoquent une peau claire et une chair moelleuse, sans muscles — sans différence entre homme et femme ;

3) les organes sexuels, représentés avec une technique beaucoup plus minutieuse, un rendu tridimensionnel (le dessin comporte nombre de lignes, aux sombres couleurs) qui parvient à tout montrer : poils, grandes lèvres, parfois même l'intérieur du sexe féminin ; et le membre masculin comme un viscère turgescent ; bref, un contraste stylistique par rapport à l'ensemble du dessin, qui révèle dans les organes sexuels une nature complètement différente, indépendante du reste de la personne, et une sauvage cruauté.

La discontinuité de ces aspects est soulignée par le fait que les corps sont partiellement drapés dans des vêtements ou des couvertures, cachant le détail de l'enchevêtrement des membres qui s'enlacent et se superposent, ce pour quoi la première opération de notre « lecture », loin d'être instantanée, est de reconnaître à quelle personne appartient ce membre-ci ou celui-là.

Un tel éclectisme stylistique semble fait exprès pour rendre la comprésence, dans l'amour physique, de facteurs esthétiques et émotifs très différents, qui agissent simultanément.

Le quatre-vingt-dix-neuvième arbre

L'histoire de chaque temple et de chaque palais s'entrecroise avec les vicissitudes dynastiques et les prédications des sectes bouddhistes. Des données assez plates et difficilement mémorisables parviennent à mes oreilles par la voix des guides et cicérones. Et pourtant, avant que l'étudiant qui me sert d'interprète ne les condense en une phrase intelligible mais pauvre en rappels émotifs, ces histoires m'ont été rapportées en un récit fasciné, chaleureux, plein d'exclamations, par le chauffeur de taxi, qui ne parle malheureusement que le japonais.

Le taxi qui a été mis à la disposition de l'invité au cours de son séjour à Kyoto est conduit par un petit bonhomme rond, dynamique et rigolo, M. Fuji, qui retire sa main gantée de blanc du levier de vitesses (les chauffeurs de taxi japonais portent toujours des gants blancs) pour indiquer certains endroits des lieux traversés qui rappellent des épisodes célèbres, et les souligner avec des gestes d'enthousiasme. C'est lui qui sait tout de l'histoire de cette ancienne capitale, des cours qui ont séjourné ici et dans Nara toute proche, pendant douze siècles; c'est lui l'encyclopédie de l'érudition locale, mais aussi l'aède, le rhapsode d'un monde disparu, enseveli sous l'enveloppe épaisse du présent.

Le taxi traverse une banlieue ininterrompue de parkings, supermarchés, dépôts, pompes à essence dont les sigles connus ressortent parmi des caractères indéchiffrables, des hangars d'usines, des champs de base-ball, des rangées de magasins, des marchés d'autos d'occasion, des salles de flippers. Seuls les érables qui laissent pointer là où on s'y attend le moins leurs feuilles rouges, seuls quelques toits aux traditionnelles ailes concaves rappellent que le Japon est un pays « différent ».

Tout à coup, M. Fuji tressaille, indique un point invisible parmi les antennes de télévision, et dit que là, il y a mille ans, s'élevait un palais royal ou qu'un poète se promenait sur le bord d'un lac. L'abîme ouvert entre les scènes évoquées et ce que l'on voit à présent ne semble pas le troubler : le nom relie l'espace avec le temps, ce point sur une carte bouleversée demeure le dépositaire d'un mythe.

L'histoire qu'il raconte maintenant parle d'un empereur amoureux d'une femme très belle et hautaine, qui habitait là-bas (derrière la station-service ?). Pour le mettre à l'épreuve, la dame déclara qu'il devrait venir cent fois lui déclarer son amour, et qu'elle céderait seulement à la centième fois. L'empereur revenait chez elle chaque jour, partant de son lointain palais (au-delà du gazomètre ?), et chaque jour il plantait un arbre devant la maison de la belle dédaigneuse. Il arriva à planter ainsi quatre-vingt-dix-neuf arbres. Une visite encore, et la belle serait sienne...

A ce point, ayant démontré la constance de ses sentiments, certain désormais que la victoire était à portée de sa main, l'empereur décida de se retirer, de renoncer, et ne se fit plus voir. Les arbres poussèrent, formant un bois, le bois des Quatre-vingt-dix-neuf Arbres, comme on l'appelle encore aujourd'hui.

Le regard embrasse un horizon de ciment et d'asphalte. Mais le taxi a pris une ruelle qui traverse des cours pleines de caisses. Voilà : il y a là un arbre, un arbre énorme, vert, très haut, d'une espèce inconnue, au feuillage multiple et menu. Un vieil écriteau signale qu'il s'agit du dernier survivant du bois des Quatre-vingt-dix-neuf, peut-être même le quatre-vingt-dix-neuvième, pour démontrer que la géographie du sublime hier, chère à M. Fuji, a vraiment un rapport avec celle du prosaïque aujourd'hui, et que les racines plantées sur un terrain d'investissements à fonds perdu alimentent encore les branches qui contemplent un monde de bilans tout en actif, d'opérations qui ne peuvent pas se solder en perte.

MEXIQUE

La forme de l'arbre

Au Mexique, près d'Oaxaca, il y a un arbre dont on dit qu'il a deux mille ans d'âge. Il est connu comme l'« arbre du Tula ». En m'approchant, à peine descendu d'un car de touristes, bien avant que l'œil ne distingue, c'est comme une sensation de menace qui me saisit : comme si de cette nuée ou montagne végétale qui se dessine dans mon champ visuel venait l'avertissement que la nature ici, à pas lents et silencieux, est en train de développer un projet qui n'a rien à voir avec les proportions et les dimensions humaines.

Je suis sur le point de pousser une exclamation de surprise en comparant ce que je vois avec le concept d'arbre qui m'a servi jusque-là pour unifier tous les arbres empiriques que j'ai rencontrés, lorsque je m'aperçois que ce que je suis en train de regarder n'est pas l'arbre fameux, mais un autre de la même espèce, poussé non loin, certainement un peu plus jeune et un peu moins monstrueux, puisque le guide n'en parle pas. Je me retourne : l'arbre du Tula à proprement parler, je le vois là devant moi à l'improviste, comme s'il avait poussé en ce même moment. Et c'est une impression tout à fait différente de celle à laquelle j'étais en train de me préparer. Le volume presque sphérique de la frondaison qui surplombe l'ampleur disproportionnée du tronc fait apparaître l'arbre presque trapu. La masse s'impose à l'œil avant la hauteur.

L'« arbre du Tula » mesure quarante mètres de hauteur, dit le guide, et quarante-deux mètres de périmètre. Son nom botanique est *Taxodium distichum*, son nom mexicain *sabino*.

Il appartient à la famille des cyprès, mais il ne ressemble point à un cyprès ; il rappelle plutôt un séquoia, si cela peut donner une idée. L'arbre surplombe une église de l'époque coloniale, Sainte-Marie du Tula, blanche, avec des ornements géométriques rouges et bleus, comme sur un dessin d'enfant. Les fondations de l'église pourraient bien être lézardées par les racines de l'arbre.

En visitant le Mexique, on se retrouve chaque jour en train d'interroger des ruines, des statues et des bas-reliefs préhispaniques, témoignages d'un « avant » inimaginable, d'un monde irréductiblement « autre » que le nôtre. Et voici là un témoin encore vivant, qui vivait dès avant la conquête, et même encore avant que sur le haut plateau se succèdent Olmèques et Zapotèques, Mixtèques et Aztèques.

Au jardin des Plantes de Paris, j'ai toujours regardé avec émerveillement la coupe d'un tronc de séquoia à peu près du même âge, exposée comme un abrégé de l'histoire universelle : les grands faits historiques qui se sont produits depuis deux mille ans sont marqués sur de petites plaques de cuivre clouées dans les cercles concentriques du bois, dont la date est celle des époques correspondantes. Mais tandis qu'il s'agit là de l'épave d'une plante morte, l'arbre du Tula, lui, est un être vivant, qui donne à peine des signes de fatigue dans le transport de la sève jusqu'aux feuilles. (Pour pallier la sécheresse de la terre, on l'alimente avec des injections d'eau dans ses racines.) Il est certainement l'être vivant le plus vieux qu'il m'ait été donné de rencontrer.

J'esquive les touristes japonais qui, en marchant à reculons ou en se pelotonnant, essaient de faire entrer le colosse dans leur objectif, je m'approche du tronc, je tourne tout autour pour découvrir le secret d'une forme vivante qui résiste au temps. Et ma première sensation est celle d'une abscence de forme : voilà un monstre qui pousse — dirait-on — sans aucun plan, le tronc est un et multiple, comme enveloppé par des colonnes de troncs mineurs qui surgissent adossés au gigantesque tronc central ou s'en détachent comme s'ils voulaient se faire passer pour des racines aériennes qui, telles des ancres, descendraient retrouver la terre, alors que ce sont au contraire proliférations des racines terrestres poussant vers le haut. Le tronc semble unifier dans son périmètre actuel une longue histoire d'incertitudes, de géminations, de déviations. Pareilles à des coques qui n'arrivent pas à prendre le large, des poutres horizontales dépassent du tronc : elles ont été tranchées voici mille ans alors qu'elles allaient donner vie à une bifurcation de la plante et elles ont perdu tout souvenir de leur intention première, pour devenir de courtes protubérances bossues. Des branches secondaires, ankylosées par une gesticulation inconfortable, continuent à se détacher des coudes ou genoux de branches à l'écroulement desquelles elles ont survécu en des époques lointaines. Nœuds et blessures ont continué à se dilater, les uns proliférant en gibbosités et concrétions, les autres étendant leurs cicatrices lacérées, imposant leur singularité comme un soleil autour duquel rayonnent des générations de cellules. Au-dessus de tout cela, épaisse, calleuse, se recouvrant elle-même, la continuité de l'écorce qui révèle toute la fatigue d'une peau décrépite et tout à la fois l'éternité de ce qui, par sa condition, est parvenu à si peu de vie qu'il ne saurait plus mourir.

Cela voudrait-il dire que le secret de la durée réside dans la redondance? C'est certainement en répétant d'innombrables fois son message que l'arbre se garantit contre la menace continuelle d'accidents mortels pour chacune de ses parties, qu'il parvient à imposer et à perpétuer sa structure essentielle, l'interdépendance entre racines, tronc et feuillage. Mais nous sommes ici au-delà de la redondance : ce qui me préoccupe pendant que je fais le tour de l'arbre du Tula, c'est la disponibilité de la morphologie à échanger entre eux les rôles, c'est le bouleversement de la syntaxe végétale : racines qui montent vers le haut, segments de branche devenus troncs, segments de tronc nés du bourgeon d'une branche. Et pourtant le résultat, vu à distance, est encore et toujours un arbre — un super-arbre —, avec racines, tronc et feuillage à leur juste place — super-racines, super-tronc, super-feuillage —, comme si la syntaxe bouleversée se rétablissait à un niveau supérieur.

Est-ce à travers un gaspillage chaotique de matière que l'arbre réussit à se donner une forme et à la garder? Cela signifierait-il que la transmission d'un sens est assurée par l'excès de sa manifestation, la profusion de son expression, le fait en somme d'éjecter, advienne que pourra? J'ai toujours été convaincu, par tempérament et par éducation, que seul compte et résiste ce qui est concentré sur une fin. L'arbre du Tula me dément, veut me convaincre du contraire.

A ce point, l'interview de l'arbre devrait commencer, mais les touristes japonais ont déjà tiré leurs vains photogrammes et ont arrêté de fourmiller autour du géant. Je dois moi aussi reprendre ma place, dans le car qui repart pour les ruines mixtèques de Mitla.

Le temps et les branches

Toujours à Oaxaca, un autre arbre mexicain extraordinaire : mais celui-ci en stuc peint, dans une église dominicaine du XVIIe siècle. C'est une décoration en relief couvrant la voûte de l'église Santo Domingo, sur le motif de l'arbre généalogique du Christ, l'arbre de Jessé (Jessé, père de David, de la lignée duquel, selon les prophètes, devait naître le Messie), un motif qui dans l'histoire de l'art s'identifie souvent avec celui de l'Arbre de Vie (dans ce cas, il part d'Adam et relie la Chute et la Rédemption à travers la continuité du bois de l'Arbre et de la Croix).

Un tronc mince et tordu naît du corps d'un personnage étendu sur le dos et se ramifie, recouvrant circulairement la voûte en un enchevêtrement harmonieux de volutes végétales, d'où des personnages en relief se détachent comme les grappes du sarment (la plante porte aussi de véritables grappes, et des pampres, ce qui nous autorise à reconnaître en elle une vigne). Les personnages colorés ressortent sur le plâtre blanc : des rois avec des couronnes en or, des évêques mitrés, des guerriers aux armures et aux casques empanachés comme des marionnettes siciliennes, des gentilshommes aux amples col XVIIIe. Il semble qu'il n'y ait que deux figures de femmes, dont une nonne. Le sommet de l'arbre, vers lequel convergent toutes les frondaisons, porte, entourée de têtes d'anges, une Madone à l'Enfant.

Il n'est pas facile d'identifier les personnages : si cela se veut vraiment un « arbre de Jessé », alors peut-être la souche couchée est-elle David, et l'un des rois est sans doute Salomon. Mais les figures sont stéréotypées, intemporelles dans leur habillement entre médiéval et baroque, et même l'ordre est probablement arbitraire : dans les Évangiles, la généalogie du Christ va de père en fils selon une ligne unique, alors qu'ici le tronc, dans sa torsion, relie directement la figure de la racine à celle du sommet, et tous les autres personnages apparaissent à différentes hauteurs sur des branches latérales, comme pour des générations de frères. Si toutefois le mouvement grimpant de la vigne n'amène à lire la succession d'une manière plus libre, en suivant un tracé sinueux.

Selon certains guides, en revanche, la figure des racines serait saint Dominique et celles posées sur les branches, des gloires de l'ordre dominicain (mais, dans ce cas, ne devraient-elles pas porter des habits ecclésiastiques ?) dont la foi converge vers la grâce divine. Quelle qu'en soit l'interprétation iconologique exacte, le sens du dessin arborescent est clair et d'une efficacité visuelle immédiate : il s'agit de relier un point de départ à un point d'arrivée, tous deux sacrés et nécessaires, à travers une exubérance de formes de vie qui, de toute façon, répondent elles aussi à un dessin harmonique, selon l'intention de la divine providence ou de l'art humain qui veut la représenter.

La profusion baroque des frondaisons est une redondance apparente, car le message transmis tient justement à cette profusion, et on ne peut ôter ou ajouter une feuille, ni une figure, ni une grappe. C'est-à-dire qu'il importe seulement jusqu'à un certain point de savoir qui sont et comment s'appellent les personnages du relief en stuc : ce qui compte est ce qui à travers eux s'accomplit.

L'arbre du Tula, produit naturel du temps, et l'arbre de Jessé, produit du besoin humain de donner au temps une finalité, ne peuvent qu'en apparence se voir ramenés à un schéma commun. En les rencontrant dans la même journée de mon itinéraire touristique, je sens se tendre entre eux la distance qu'il y a entre le hasard et le dessein, la probabilité et la détermination, l'entropie et le sens de l'histoire.

Plutôt qu'à l'arbre de Jessé, un arbre généalogique qui voudrait véritablement restituer ce processus de procréations et de morts en quoi consiste la survivance humaine devrait ressembler à un arbre réel, avec ses ramifications tordues et dysharmoniques, ses moignons, ses zones desséchées et ses pans verts, les élagages du hasard et de l'histoire, son gaspillage de matière vivante. Il devrait ressembler justement à l'arbre du Tula, dans lequel on ne sait pas clairement ce qui est racine, tronc et branche.

Mais les arbres généalogiques sont toujours des simplifications *a posteriori* suivant une ligne privilégiée, habituellement la succession d'un titre et d'un nom. Dans certains châteaux français, au comptoir des cartes postales, on vend des arbres généalogiques des rois de France pour que les touristes puissent s'orienter à travers les vicissitudes compliquées dont ces lieux ont été témoins. Sur la souche commune des Capets se séparent les troncs des Valois d'un côté, des Bourbons de l'autre, avec les divers Angoulême et Orléans comme ramifications secondaires, en un schéma arborescent passablement asymétrique et forcé.

Un arbre généalogique véritable devrait élargir ses ramifications aussi bien vers le présent que vers le passé, car à chaque mariage devrait figurer la jointure de deux plantes, et il en ressortirait un fouillis fort enchevêtré qui s'étalerait de tous côtés, pour se tronquer dans la frange irrégulière des extinctions. Un buisson dont les ramifications tantôt s'étendent et tantôt se contractent, parce que dans une aire géographique donnée les familles recommencent à se mélanger à chaque mariage : toujours les mêmes. La forme de l'arbre se rétablirait-elle en remontant vers les racines du genre humain, comme vers Adam et Ève dans l'iconologie chrétienne? Pour l'anthropologie contemporaine, ces racines doivent être recherchées toujours plus loin, à distance dc millions d'années, et sont éparses à travers les continents. (Ce qui semble s'approcher, c'est plutôt la fin : le fait que toutes les branches, une à une ou toutes ensemble, se brisent, la menace de la catastrophe démographique, alimentaire, technologique...)

La forêt et les dieux

A Palenque, les très hauts temples en escalier se détachent sur le fond de la forêt qui les surplombe de ses arbres pressés, encore plus hauts, ficus aux troncs multiples comme autant de racines, aguacates aux feuilles brillantes, avalanches de plantes grimpantes, ou qui pendent, de lianes. La forêt semble près d'engloutir les colossaux vestiges de la civilisation maya ; cela fait même plusieurs siècles déjà qu'elle les a engloutis, et ils seraient ensevelis sous une montagne verte, vivace, proliférante, n'étaient les lames affûtées des hommes qui, depuis que ces temples ont été découverts, luttent, jour après jour, contre l'assaut de la végétation et permettent aux constructions de pierre d'affleurer à la surface de cet enchevêtrement étouffant de branches et de pousses.

Les bas-reliefs que les anciens Mayas sculptèrent dans la pierre représentent, à travers des images de dieux, d'astres, de monstres, le cycle de la végétation du maïs. C'est du moins ce que les livres expliquent ; ce que nous pouvons constater, à première vue, ce sont des connexions de signes en forme de feuille ou de fleur ou de fruit, une végétation d'ornements luxuriants entourant chaque silhouette vaguement anthropomorphe ou zoomorphe, la transformant en un fouillis inextricable. Donc, quoi qu'elles signifient, les formes que les Mayas fixent dans la pierre sont toujours végétales : au fond de tout discours, il y a l'écoulement de la lymphe dans les plantes ; un rapport de quasi-spécularité s'est établi entre la pierre sculptée et la forêt. L'enchevêtrement végétal s'épaissit jusque dans ma tête étourdie par le soleil et par les vertiges que provoquent la montée et la descente de ces escaliers escarpés : et, de temps à autre, j'ai l'impression d'entrevoir, parmi les ramifications des arguments, une raison décisive, qui à l'instant suivant disparaît.

Les bas-reliefs et la forêt se définissent et se commentent mutuellement ; le langage de pierre raisonne et raconte le processus vital qui l'entoure et le détermine. Mais quel sens cela a-t-il, de prononcer le mot « forêt » lorsque la forêt est là, présente, menaçante ? Si le mot écrit à travers les images des dieux-monstres sculptés, c'est « forêt », alors les temples ne sont dans la forêt qu'une gigantesque tautologie, que la nature essaie justement d'effacer comme superflue. Voilà que les choses se révoltent contre ce destin : être signifiées par des mots ; voilà qu'elles refusent ce rôle passif que le système des signes voudrait leur imposer, pour reprendre leur place usurpée ; les voilà qui submergent les temples et les bas-reliefs, recommencent d'engloutir ce langage qui avait essayé d'affirmer son autonomie et de s'ériger sur des fondements propres, comme une seconde nature. Les bas-reliefs historiés de serpents, de plumes et de feuilles disparaissent, envahis par des nids de serpents ou d'oiseaux et par des enchevêtrements de lianes : le langage aura rêvé en vain de se constituer en système, en cosmos : le dernier mot revient à la nature muette.

Cela déjà pourrait faire une belle conclusion, mais le même cours de pensée pourrait aboutir à la conclusion opposée. La forêt peut s'acharner contre les temples autant qu'elle veut : la pierre ne se laisse pas ronger par la putréfaction du mucilage végétal, les images où se lisent les noms des dieux ne se laissent pas effacer par les lichens et les mousses. Depuis que le langage existe, la nature ne peut l'abolir : il continue d'agir malgré tout, dans son domaine particulier, que l'impétuosité convulsive des choses n'égratigne même pas. Les noms des dieux et les dieux sans nom s'affrontent en une guerre où il ne peut y avoir ni vaincus ni vainqueurs.

Sauf que, si j'attribue à la forêt une intention agressive, si je vois les racines et les lianes agir, attaquer, encercler l'ennemi, je ne fais rien d'autre que projeter sur la végétation des lymphes la mythologie des bas-reliefs. Le langage (tout langage) construit une mythologie, et cette façon d'être mythologique enveloppe aussi ce que l'on croyait exister indépendamment du langage. Depuis que le langage a fait son apparition dans l'univers, l'univers assume la manière d'être du langage et ne peut se manifester que suivant ses règles. Dès lors, les racines et les lianes font partie du discours des dieux, d'où tout discours se répand. Les hauts faits évoqués par les noms, les verbes, les conséquences et les analogies ont impliqué les éléments et les substances premières. Les temples qui gardent les origines du langage au sommet de leurs escaliers en pierre ou tout au fond de leurs cryptes souterraines ont imposé leur domination sur la forêt.

Mais sommes-nous sûrs, aujourd'hui, que les dieux, dans leurs temples en ruine, parlent encore le langage de la forêt ? Peut-être les dieux qui ordonnent aujourd'hui le discours ne sont-ils plus ceux qui répétaient le récit, terrible mais jamais désespéré, d'une succession de destructions et de renaissances formant un cycle sans fin. D'autres dieux parlent à travers nous, conscients que ce qui finit ne revient pas.

IRAN

Le mihrab

Une corniche en relief, surmontée d'un linteau à frise ajourée comme une dentelle ; à l'intérieur, une frise en creux, qui court le long des jambages, et des arabesques en bas-relief au-dessus desquelles, à l'horizontale et en haut, se détache une ligne d'écriture fluide, comme suspendue. Tout est de la même couleur claire ; matière : le stuc. En dessous, vient un tympan en ogive, encadré par une archivolte cannelée, soutenu par de fines colonnes, couvert de caractères sculptés. Dans les marges, la moindre surface présente des ornements serrés, une marqueterie de pleins et de vides, à la porosité d'éponge. Les colonnes et l'ogive en positif du tympan encadrent, sur un fond creusé et sculpté en détail, l'ogive en négatif d'un arc, surmonté d'un autre linteau, lui aussi ajouré ; à ce point, il faudrait recommencer à employer tous les mots précédents, pour décrire des détails semblables mais à plus petite échelle, avec d'autres effets d'enchevêtrement et d'encombrement. Et, à l'intérieur de cet arc encadré par tous les arcs, que voit-on ? Rien : le mur nu.

Je suis en train de tenter de décrire un mihrab du XIVᵉ siècle dans la mosquée du Vendredi à Ispahan. Le mihrab est la niche qui indique, dans les mosquées, la direction de La Mecque. Chaque fois que je visite une mosquée, je m'arrête devant le mihrab et ne me lasse pas de le regarder. Ce qui m'attire, c'est cette idée d'une porte qui fait tout pour mettre en vue sa fonction de porte, mais qui ne s'ouvre sur rien ; l'idée d'un cadre luxueux, comme on en imagine pour enfermer quelque bien extrêmement précieux, mais à l'intérieur duquel il n'y a rien.

Dans la mosquée du cheikh Lotfollah, le mihrab (du XVIIe siècle), dans une paroi toute recouverte de faïence indigo et turquoise, sous une travée en ogive — avec au centre une fausse fenêtre ogivale à carreaux clairs parcourus par une fioriture géométrique de lignes en spirale —, est une cavité — toujours en forme d'ogive — ouverte dans l'épaisseur du mur : resplendissante de faïence bleue et or, ornée sur toute sa surface de dessins d'arcs — hexagonaux, ceux-ci —, avec une voûte composée de quantité d'alvéoles en nid d'abeilles, petites cellules ouvertes à la base qui se superposent par couches. C'est comme si le mihrab, en subdivisant son propre espace, limité et recueilli, en une multiplicité de mihrab de plus en plus petits, ouvrait la seule voie possible pour parvenir à l'illimité.

Autour, l'écriture court, blanche sur les carreaux bleus, enveloppant l'espace de ses calligrammes rythmés de barres parallèles, courbes aussi vibrantes que fouets, mouchetures de traits obliques ou punctiformes, lançant des versets du Coran vers le haut et le bas, à l'endroit, à l'envers, en avant, en arrière, au long de toutes les dimensions, visibles et invisibles.

Après être resté un bon moment à contempler le mihrab, je me sens obligé de parvenir à quelque conclusion. Qui pourrait être la suivante : l'idée de perfection que cet art poursuit, le savoir accumulé dans cette écriture, le rêve d'assouvissement de tout désir qui s'exprime dans le faste de ces ornements, tout renvoie à une seule signification, célèbre un seul principe et fondement, implique un seul ultime objet. Et c'est un objet inexistant. Sa seule qualité, c'est de n'être pas là. On ne peut même pas lui donner un nom.

Vide, néant, absence, silence sont tous des noms chargés de significations trop encombrantes pour quelque chose qui ne veut rien être de tout cela. On ne peut pas le définir par des mots : le seul symbole qui le représente, c'est le mihrab. Et même, pour être plus précis : c'est ce quelque chose qui se révèle ne pas être là, au fond du mihrab.

C'est ce que j'avais cru comprendre au cours d'un lointain voyage à Ispahan : que la chose la plus importante au monde, ce sont les espaces vides. Les voûtes en nid d'abeilles des coupoles de la mosquée du shah Abbas; la coupole brune de la mosquée du Vendredi, portée par une succession d'arcs de taille décroissante, calculés suivant une arithmétique sophistiquée pour souder la base carrée au cercle qui soutient la calotte; les *liwan*, ces grands portails quadrangulaires à la voûte arquée : tout confirme ici que la véritable substance du monde est donnée par la forme en creux.

Le vide a ses fantaisies, ses jeux : la « salle de musique » du palais Ali-Qapu est revêtue sur ses murs et sa voûte d'une enveloppe en plâtre ajouré couleur ocre, où des silhouettes d'ampoules ou de luths sont sculptées en négatif : comme une collection d'objets réduits à leur propre ombre ou à leur propre idée sans corps.

Certaines formes du temps sont faites pour être en

accord avec certaines formes de l'espace : l'heure du couchant au printemps avec la Medersa dite « de la Mère du shah » : jardin clos du XVIIIe siècle, blanc des faïences, vert des plantes et des bassins, sur lequel donnent de grandes baies surélevées et vides, décorées de carreaux en bandeaux où la souplesse de la graphie se compose avec l'impassibilité des émaux. En visitant la Medersa, en voyant la familiarité tranquille avec laquelle les habitants d'Ispahan vivent dans ce lieu et à cette heure, je pense que, moi aussi, j'aimerais occuper le faux plancher d'une de ces niches spacieuses, comme l'homme qui là-bas est assis jambes repliées et lit, ou ces autres en train de bavarder, ou cet autre, là, qui s'est allongé et dort, ou cet autre encore qui mange de la salade avec du pain coupé en minces lamelles : j'envie le groupe en train d'écouter un mollah, comme s'il s'agissait des disciples de Socrate, accroupis tous autour d'un tapis ; ou les enfants qui, sortis de l'école, ouvrent sur un autre tapis livres et cahiers pour faire leurs devoirs.

Peut-être qu'une ville qui a été faite en suivant une heureuse disposition des pleins et des vides se prête à être vécue avec une heureuse disposition d'esprit, même en des temps de despotisme mégalomane : c'est la pensée qui me venait en me promenant au milieu de l'animation du soir sur la place célèbre d'Ispahan, regardant les mosquées aux coupoles bleues et cuivrées, les maisons de hauteur égale, aux terrasses qui communiquent, les larges voûtes du palais d'Abbas-le-Grand et du bazar.

Quelques années ont passé. Les images qui me parviennent à présent d'Iran sont bien différentes : sans plus d'espaces vides, bondées de foule, de cris, de gestes scandés, obscurcies par le noir des manteaux qui partout s'étend, chargées d'une tension fanatique sans trêve ni répit. Je n'avais rien vu de tout cela en scrutant le mihrab.

Les flammes en flammes

Le feu est conservé dans le sanctuaire du temple de Zoroastre, fermé à clé. Seul le *mobet* a la clé et peut entrer ; pendant le rite, la flamme est visible à travers la grille.

Le temple est une petite villa moderne, dans un modeste jardin, à Yezd, cité qui borde le désert, au centre de l'Iran. Le *mobet* est un jeune Indien *parsi* de Bombay (depuis plus de mille ans, les Parsis de l'Inde ont gardé en vie la religion très ancienne de leurs aïeux qui avaient fui la Perse à sa conquête par l'islam) ; beau, fier, un air quelque peu suffisant ; le tablier blanc qu'il porte, le petit béret blanc qu'il a sur la tête, le voile blanc qui lui couvre la bouche pour éviter que le feu sacré ne soit contaminé par l'haleine humaine, tout lui confère l'aspect d'un chirurgien. Il ranime la flamme avec une pelle ; il ajoute quelques morceaux de bois de santal dans le brasero. Il récite les prières à Ahoura Mazda avec une diction psalmodiante, qui commence en murmure et monte petit à petit jusqu'aux notes les plus aiguës ; il s'interrompt, se tait, frappe un coup sur une cloche qui résonne très haut. Sa voix alterne avec les litanies des femmes assemblées dans le temple, la tête couverte de courts châles colorés, absorbées dans la lecture de leurs petits livres : des prières en langue moderne ou en tout cas compréhensible aujourd'hui, alors que le *mobet* prie dans la langue de l'Avesta, celle où la souche indo-européenne a conservé ses stratifications les plus archaïques.

Est-ce pour saisir un écho des origines mythiques de la parole que je suis venu jusqu'ici, parmi les derniers dépositaires d'un discours transmis identique dans sa lettre et son accent à travers des milliers d'années ? Ou bien est-ce pour voir si quelque chose permet de distinguer, parmi tous les autres feux, ces feux dont on affirme qu'ils brûlent depuis les temps de Cyrus, de Darius, d'Artaxerxès, attisés de nouveau par une succession ininterrompue de braises qu'on n'a jamais laissé s'éteindre, gardés secrètement pendant les mille trois cents ans de domination de l'islam, alimentés au bois de santal sec, coupé suivant toujours les mêmes règles, de manière à produire une flamme limpide, sans l'ombre d'une fumée ?

Mon voyage en Iran se déroule pendant la dernière période du règne du shah, lequel persécute plusieurs catégories de personnes, mais non la minorité constituée par les fidèles de la religion mazdéenne (ceux que nous appelons zoroastriens ou zarathoustriens, ou, plus approximativement, « adorateurs du feu »). En contraste avec la domination du clergé musulman-chiite, la dynastie des Pahlavi (laquelle date de l'avènement au trône du père du présent shah) s'est déclarée laïque et tolérante envers les religions minoritaires ; ainsi la logique capricieuse des équilibres politiques a redonné toute liberté au culte d'Ahoura Mazda qui, non seulement dans son exil indien mais aussi dans des régions écartées de la Perse, comme celle où nous sommes, n'avait cessé pendant des siècles d'être pratiqué en secret, autour de feux tenus toujours allumés sur les montagnes et dans les maisons.

Avec les précautions de ceux qui vivent parmi des

infidèles, les mazdéens continuent à garder leur feu fermé à clé, visible seulement derrière une grille. Mais toujours, même quand les autels étincelaient de hautes flammes au sommet des escaliers monumentaux du Persépolis de Darius, le vrai sanctuaire du feu était une pièce sans fenêtre, aérée uniquement par des fentes, inaccessible aux rayons du soleil. Là, les flammes nourries de troncs de santal desséchés au point d'avoir perdu tout résidu des sucs terrestres, s'éteignant mille fois et mille fois renaissant de leurs propres cendres, se purifiaient des scories du mal qui polluent tous les éléments et les astres et les plantes et le bétail, et surtout l'homme. Le feu sacré resplendit dans l'obscurité : il ne doit pas mêler sa lumière avec la lumière du jour, exposée à toutes les contaminations. Et même, les regards humains suffisent peut-être pour le profaner, s'ils se posent sur lui avec indifférence, comme s'il était chose semblable à n'importe quelle autre : ainsi de mes regards d'homme qui s'efforce en vain de récupérer une signification pour d'anciens symboles dans un monde qui consume tout ce qu'il voit et qu'il oit. Le véritable feu est le feu caché : est-ce pour apprendre cela que je suis venu jusqu'ici ?

En cherchant les zoroastriens de Yezd, hier après-midi, nous avons parcouru de long en large un quartier immense et à moitié désert, parmi des murs aveugles de terre et de paille ou de briques d'argile crue, des toits bas et plats à terrasses où quelque jeune lance des regards, des cercles de vieilles assises autour d'un seuil étroit ou sous une niche grossière où brûle une chandelle. On reconnaît la religion des femmes au châle dont elles recouvrent leur tête ; dans ce quartier, les châles colorés sont plus nombreux que les noirs. A travers une porte, un passage, une suite de cours communicantes, nous sommes parvenus à une salle basse où brûlent quantité de chandelles devant des photos de morts : une sorte de chapelle, un lieu de culte privé ; le feu, le fameux feu, s'annonce à travers ces fragiles petites flammes de presque rien. Le passant aimable qui, interpellé dans la rue, nous a amenés jusqu'ici donne des explications qui se perdent par manque d'une langue commune ; il est même disposé à nous accompagner jusqu'au temple principal, mais pour nous montrer qu'il est fermé et qu'il peut simplement nous le faire voir à travers la grille : un pavillon moderne anonyme. En demandant autour de nous, nous apprenons que pour le lendemain est attendue l'équipe d'une télévision étrangère, qui filmera la célébration d'un rite.

Au bureau local de la télévision d'État, auquel nous nous adressons, un fonctionnaire — cinq portraits du shah sont suspendus au mur ou encadrés sur son bureau (le shah sur le trône, à cheval, avec sa femme, avec ses enfants, en couleurs, en noir et blanc) — trouve les contacts nécessaires pour que nous puissions assister au tournage.

Me voici donc admis dans le temple, après avoir mis, moi aussi, un petit béret blanc et ôté mes chaussures (les cheveux et les semelles sont des véhicules de contamination desquels il faut se protéger), mais tout ce que je vois me semble encore à très grande distance. Distance de quoi ? Qu'est-ce que je suis venu chercher parmi les fidèles d'Ahoura Mazda, premier dieu qui se soit révélé aux Indo-Européens en tant que principe suprême transcendant ? Qu'est-ce que peut signifier pour moi cette silhouette barbue flanquée de deux grandes ailes, qui partout se répète, des bas-reliefs du palais de Darius à

Persépolis jusqu'aux objets modernes encombrant cette petite salle ? C'est une figure humaine de profil, schématique, à la longue barbe bouclée, aux cheveux pareils à la barbe, surmontés d'un chapeau cylindrique : il tient dans ses mains un cercle et est pris à son tour dans un cercle plus grand, d'où partent deux grandes ailes, peut-être d'aigle, et des élytres ou antennes, qui sont peut-être des éclairs ; seul le buste du personnage est visible, jusqu'à la taille, encadré par le cercle ailé, comme un aviateur installé dans la carlingue d'un engin volant des premiers temps. Il serait presque naturel de croire qu'il s'agit d'Ahoura Mazda en personne, mais je ne tomberai certes pas dans une erreur si grossière, parce que je sais qu'on ne peut donner des images d'un dieu invisible et omniprésent (au reste, Ahoura Mazda même n'est qu'une façon de dire, et pas un nom) : c'est tout au plus une émanation divine, qui descend du ciel sur la tête des empereurs, ou bien un archétype céleste de la majesté impériale, que nous autres pourrions — dans un rapport inverse — concevoir comme planant au-dessus de nous, bénédiction à invoquer ou modèle à atteindre.

En somme, Ahoura Mazda reste lointain, même dans ce temple éclairé au néon, avec ses chaises de métal peintes en blanc et son prêtre habillé de blanc, tout content d'officier devant des caméras. Les ornements accrochés aux murs sont peu nombreux : un tableau qui représente Zarathoustra dans le style de l'imagerie populaire orientale, un miroir, un calendrier où l'emblème du barbu ailé se détache sur le drapeau tricolore iranien.

La seule image possible d'Ahoura Mazda, c'est le feu : sans forme, sans limites, qui chauffe, dévore et se propage, avec l'agilité de ses langues éblouissantes dont les couleurs changent à chaque instant : le feu qui languit dans l'agonie lente des braises se cache sous les cendres grises, et soudain renaît, soulève ses ailes pointues, reprend son élan, s'élance en une violente flambée. Il ne me reste qu'à fixer la lueur de la flamme qui s'élève du brasero caché, à regarder les hommes et les femmes qui prient le feu et à essayer d'imaginer comment ils le voient. Avec attirance et peur, comme je le vois, moi ? Certainement : comme une force amie, condition nécessaire de notre existence, mais l'attraction que la vue des flammes exerce est plus immédiate que tout raisonnement, elle est aussi instinctive que la peur qu'elle inspire en tant que force ennemie, de destruction, de mort. Et, plus profondément encore, ils voient dans le feu un élément incompatible avec tout ce qui est, par contrainte, soumis aux vicissitudes de la vie et de la mort, une façon d'être absolu, au point qu'ils l'associent à l'idée de pureté idéale. Est-ce parce que l'homme peut croire le maîtriser mais ne le peut toucher ? Parce qu'en lui aucun être vivant ne peut vivre ? Serait pur ce qui est intouchable pour l'homme ? Serait pur ce qui de soi exclut la vie ? Ce qui vit en se dépouillant de tout corps ou enveloppe ou support ? Et si la pureté est dans le feu, comment peut-on purifier le feu ? En le brûlant ? Est-ce un feu mis à feu, celui auquel les mazdéens récitent leurs prières ? Une flamme donnée aux flammes ?

Les étoiles continuent de brûler et rebrûler leur combustible dans les siècles des siècles. Le firmament est fait de braseros qui s'attisent et s'éteignent, de supernovae incandescentes, d'étoiles géantes rouges qui s'éteignent petit à petit, d'épaves de naines blanches réduites en cendres. La terre même n'est qu'une boule de feu qui dilate la croûte des continents et des fonds océaniques. L'univers est un incendie. Qu'adviendra-t-il, lorsque tout le bois de santal des atomes se sera volatilisé dans le creuset des étoiles ? Lorsque les cendres des cendres se consumeront dans une bouffée de chaleur impalpable ? Lorsque les brasiers des galaxies se seront réduits en d'opaques tourbillons de suie ? Comment concevoir un feu qui reste allumé depuis le début des temps et qui jamais ne s'éteindra ?

Le monde où j'habite est gouverné par la science, et cette science a un fondement tragique : le processus irréversible qui conduit l'univers à se décomposer en un nuage de chaleur. Des mondes vivables et visibles, il ne restera qu'une poussière de particules qui ne retrouveront plus une forme, où on ne distinguera plus rien de rien, le proche et le lointain, l'avant et l'après. Ici, parmi les fidèles d'Ahoura Mazda, devant le feu gardé dans l'obscurité, que le *mobet* réveille et berce au son de sa voix psalmodiante, ce qu'on me montre, c'est que la substance de l'univers se manifeste seulement dans la combustion qui la dévore sans trêve, que la forme de l'espace s'étend et se contracte, dans le grondement et crépitement du temps. Le temps est comme le feu : tantôt il s'élance en flammes impétueuses, tantôt il couve enterré dans la lente carbonisation des ères, tantôt il serpente et se ramifie en zigzags imprévisibles et foudroyants, mais toujours il tend vers son unique but : consumer toute chose et se consumer avec. Lorsque le dernier feu s'éteindra, le temps aussi sera fini ; est-ce pour cela que les zoroastriens entretiennent perpétuellement leurs feux ? Voilà ce que je crois être en train de comprendre : se plaindre que la flèche du temps court vers le néant n'a pas de sens, car, pour tout ce qu'il y a dans l'univers et que nous voudrions sauver, le fait même d'être là veut dire justement cette combustion, et rien d'autre ; une autre façon d'être que celle de la flamme n'existe pas.

Qui sait si je pourrais trouver dans l'Avesta une formule où s'expriment ces pensées ? En ce moment, faisant appel à ma mémoire d'Occidental, la réplique d'un poète me suffit. A qui lui demandait : « Si un incendie était en train de détruire ta maison, qu'est-ce que tu te hâterais de sauver ? » Jean Cocteau répondit : « Le feu. »

Les sculptures et les nomades

A Persépolis, me voici en train de monter l'escalier monumental au milieu de deux files de personnes rangées en colonne : celle des groupes de touristes, celle des dignitaires à la barbe et aux cheveux bouclés : sur leur tête des coiffures cylindriques faites de plumes, à leur cou de lourds colliers en demi-lune, des sandales aux pieds sous leurs toges plissées, et parfois une fleur à la main. La première foule est faite de chair, d'os et de sueur ; la seconde de pierre sculptée. En laissant la première s'éloigner sous le soleil aveuglant, je me place à côté de l'autre, j'adapte à son pas calme le mien, je m'identifie à cette avancée ininterrompue de figures graves sur la surface grise des plaques de pierre, à la majestueuse démarche des processions qui se déroulent partout où se pose le regard, gravissant tous les escaliers de la ville, longeant le bas de toutes les façades, défilant vers les portes flanquées de lions ailés et la salle des Cent-Colonnes. La population de pierre a même taille que celle de chair et d'os, mais elle s'en distingue par la gravité et l'uniformité rigide des traits, puis de l'habillement : comme si une même figure de profil continûment passait et repassait. De temps en temps, un visage tourné en arrière, vers le voisin qui suit dans la file, des mains qui se posent réciproquement sur la poitrine ou sur le dos comme pour un échange d'offres d'amitié introduisent dans cette fixité cérémoniale une note d'animation, d'autant plus chaleureuse que le hiératisme du reste du cortège apparaît plus stéréotypé.

Le palais royal des Achéménides à Persépolis est un récipient qui reproduit sur ses parois son propre contenu d'il y a deux mille cinq cents ans, une architecture faite pour accueillir une cérémonie fastueuse, laquelle ne pouvait que répéter celle qui était déjà là, dès toujours présente, dans chaque rassemblement et chaque geste, dans la disposition et la succession de chaque ambassade et de chaque détachement de soldats, dans l'étalage des costumes, des richesses et des armes : la garde de l'empereur avec ses lances, ses arcs et ses carquois, les porteurs de cadeaux venus des nations avec leurs vases précieux et leurs sachets de poudre d'or.

Dans le bas-relief de la grande porte, les nations soutiennent le trône impérial, mais ce trône est si léger qu'elles peuvent le soutenir sur la pointe des doigts. Ou mieux : sur le grand trône que les ambassadeurs des nations soulèvent en l'effleurant, sous les traverses, il y a un trône plus petit, sur lequel est assis un petit empereur accompagné d'un esclave avec un chasse-mouches et surmonté d'un baldaquin, et encore au-dessus s'élève l'emblème d'Ahoura Mazda, ou de sa bénédiction. On commence alors à comprendre où vont tous ces cortèges qui convergent vers les portes, les vestibules et les couloirs d'accès : plus l'on s'approche du centre du pouvoir, plus l'on passe du colossal au rapetissé, au réduit, à l'abstraction, au vide. Ce palais est peut-être l'utopie de l'empire parfait : une grande boîte vide pour accueillir les ombres du monde, un défilé de figures de profil, plates, sans épaisseur, autour d'un trône vide et sans poids.

D'autres scènes de foule se déroulent à quelques kilomètres de là, sur une paroi de rocher abrupte, dans la gorge de Naqsh-i-Roustem, mais cette fois ce sont des batailles avec des chevaux qui piétinent des ennemis désarçonnés, les armures menaçantes des guerriers déployés sur le champ de bataille, des prisonniers réduits en esclavage et chargés de poids, des triomphes et des partages de butin. Les rois sassanides ont fait sculpter ces roches pour célébrer leurs exploits, plus de cinq cents ans après la destruction de Persépolis, immédiatement en dessous des tombeaux de leurs prédécesseurs achéménides : Darius, Xerxès, Artaxerxès, Darius II, enterrés derrière quatre sévères façades qui ressemblent à des palais, sculptées sur une haute marche dans la falaise. La majesté grave, absorbée, de Persépolis a disparu : ici domine l'orgueil, le côté belliqueux, l'affirmation de sa propre supériorité sur l'ennemi, l'étalage de l'opulence. C'est une humanité à cheval qui perpétue ses journées : l'épopée des assauts au galop, l'apothéose de la royauté équestre, le grondement des trompettes, le nuage de poussière et le crépitement des sabots sur le sol : tout cela est enregistré dans les formes qui affleurent de la roche. Un élégant Chahpuhr Ier, couvert de colifichets et de colliers, lève son bras et son épée, en selle sur un robuste cheval aux pieds duquel s'agenouille, vaincu, Valérien, empereur des Romains, les bras tendus, tremblants, le regard effrayé. Un peu auparavant, Ahoura Mazda en personne offre à Ardechir Ier le diadème de l'investiture d'où pendent de minces, longs rubans. Pour la première fois, le dieu est visible : et c'est un chevalier de taille égale à celle du roi sassanide, habillé avec un faste égal, monté sur un cheval plein de la même force.

Sur le retour, mon chemin croise celui d'une tribu de nomades en marche. Des femmes nu-pieds, aux vêtements de couleurs voyantes, font avancer avec des hurlements et des coups de bâton une file de petits ânes. Sur la croupe des ânes, se tiennent en équilibre une poule, un chien, un agneau à califourchon ; d'autres portent des besaces, et de la poche dépassent des petits agneaux et des enfants nouveau-nés. Le dernier baudet avance péniblement, portant sur sa croupe une vieille sorcière qui braille, assise de travers, un bâton à la main : toute l'énergie motrice qui pousse la caravane semble émaner de cette vieille. Suit un troupeau de chèvres, puis un autre, de chameaux ; un petit chameau blanc trotte entre les pattes de sa mère. Le défilé se dirige vers un campement de tentes noires. C'est la saison où les tribus de ces populations nomades, de langue turque, traversent les steppes du Fars ; après avoir hiberné sur les rives du golfe Persique, elles remontent comme tous les ans vers la Caspienne. Les hommes, à la différence des femmes, sont habillés comme les gens de la ville ; ils attendent au seuil des tentes, saluent les étrangers d'un *Salam !* et les invitent à boire le thé. Parmi les femmes, certaines cachent leur visage à l'arrivée des étrangers et rient dans le noir et le blanc de leurs yeux ; l'une d'entre elles verse l'eau d'une outre en peau de chèvre ; une autre pétrit de la farine. Par terre, se trouvent les célèbres tapis sortis de leurs métiers à tisser.

Depuis des siècles, les nomades parcourent ces territoires arides entre golfe Persique et mer Caspienne sans laisser de traces derrière eux, hors leurs empreintes dans la poussière.

Dans une même journée, je n'ai rencontré sur ma route que foules humaines en marche : files de personnes à jamais fixées dans la roche et files qui se déplacent en un passage sans fin. Les unes et les autres habitent des espaces différents du nôtre : les unes s'incorporent dans la compacité du monde minéral, les autres effleurent les lieux en ignorant les noms de la géographie et de l'histoire, parcourant des itinéraires non marqués sur les cartes, comme les oiseaux migrateurs. Si j'avais à choisir entre ces deux façons d'être, j'aurais besoin d'évaluer longtemps le pour et le contre : vivre en fonction du signe indélébile à inscrire, et se transformer en sa propre figure gravée sur la page de pierre, ou bien vivre en s'identifiant avec le cycle des saisons, avec la croissance des herbes et des buissons, avec le rythme des années qui ne peut s'arrêter, suivant la rotation du soleil et des étoiles. Dans un cas comme dans l'autre, c'est la mort que l'on veut fuir. Dans un cas comme dans l'autre, c'est l'immutabilité qu'on veut atteindre. Pour les uns, la mort peut être acceptée pourvu que de la vie soit sauvé le moment qui durera à jamais dans le temps uniforme de la pierre ; pour les autres, la mort disparaît dans le temps cyclique et l'éternelle répétition des signes du zodiaque. Dans un cas comme dans l'autre, quelque chose me retient ; je ne trouve pas de passage par où je pourrais m'introduire pour me joindre à la file. Une seule pensée — les tapis — me fait me sentir à mon aise. C'est dans le tissage des tapis que les nomades déposent leur savoir : objets bariolés et légers qu'on étend sur la terre nue partout où l'on s'arrête pour passer la nuit et qu'on enroule le matin pour les emporter avec soi, en même temps que tous ses biens, à dos de chameau, sur une bosse.

Table

LA FORME DU TEMPS

IMPRIMERIE BUSSIÈRE À SAINT-AMAND (CHER).
DÉPÔT LÉGAL : SEPTEMBRE 1990. N° 12484 (2274)

Du même auteur

AUX ÉDITIONS DU SEUIL

Le Baron perché, 1960
coll. Points Roman, n° 10

Le Chevalier inexistant, 1962
coll. Points Roman, n° 131

Aventures, 1964
nouvelles

La Journée d'un scrutateur, 1966

Cosmicomics, 1968
coll. Points Roman, n° 320

Temps zéro, 1970

Les Villes invisibles, 1974
coll. Points Roman, n° 162

Le Château des destins croisés, 1976
coll. Points Roman, n° 183

Si par une nuit d'hiver un voyageur, 1981
coll. Points Roman, n° 81

La Machine littérature, 1984
essais

Palomar, 1985
coll. Points Roman, n° 253

Sous le soleil jaguar, 1990

CHEZ BOURGOIS

Le Sentier des nids d'araignées
coll. 10/18, 1981

Marcovaldo
coll. 10/18, 1981

Le corbeau vient en dernier
nouvelles
coll. 10/18, 1981

CHEZ GALLIMARD

Leçons américaines, 1989

AU LIVRE DE POCHE

Le Vicomte pourfendu, 1982